I0149950

GLÓRIA AO REI
DOS CONFINS DO ALÉM
UMA MÚSICA PODE MUDAR
UMA VIDA

Paulo Girão

GLÓRIA AO REI
DOS CONFINS DO ALÉM
UMA MÚSICA PODE MUDAR
UMA VIDA

1ª Edição
POD

Petrópolis
KBR
2012

Edição e revisão **KBR**
Editoração **APED**
Foto da capa **arquivo do autor**

Copyright © 2012 *Paulo Girão*
Todos os direitos reservados ao autor

ISBN: 978-85-8180-010-3

KBR Editora Digital Ltda.
www.kbrdigital.com.br
atendimento@kbrdigital.com.br
24 2222.3491

B869 – Literatura Brasileira

Paulo Girão nasceu em Niterói, em 1952, e mora no Rio de Janeiro. É compositor, cantor e educador musical; trabalhou com música brasileira na educação, fez shows ao lado de grandes nomes da MPB e participou de festivais. *Glória ao rei dos confins do além* é seu livro de estreia e também o nome de sua composição imortalizada pelos Mutantes.

Email do autor: paulo_girao@yahoo.com.br

Veja as fotos e ouça as músicas citadas neste livro:
www.confinsdoalem.com.br

A música é a única coisa que pode modificar o ser humano.
Roberto Talma

Sumário

Prefácio

Escrito na primeira pessoa, como um diário de memórias-vivas, *Glória ao Rei dos confins do além*, livro de estreia de Paulo Girão, guarda surpresas para o mais exigente dos leitores. Construído com diálogos maduros e memória prodigiosa, o autor desfila histórias saborosas que deslizam na leitura, quase evaporam na leveza, para se solidificarem depois como registro de um tempo real e nada remoto.

Este livro tem vários méritos, inclusive o literário. Parece uma ficção, mas, na verdade, a narrativa oferece a história verdadeira de um músico com pouca notoriedade e muita história para contar, o PC. Histórias que são apresentadas em capítulos curtos e, paradoxalmente, densos, que resgatam um filão precioso e inédito da MPB.

Glória ao Rei dos confins do além (originalmente uma canção do autor) se parece com um filme de Woody Allen, onde fatos e personagens surgem e desaparecem aos olhos do menino-narrador como num movimento de magia cinematográfica: Nabo, Luiz Carlos Sá, Aldir Blanc, Tito Madi, Juca Chaves, Mutantes, Gran Circo Norte-americano, General, Olga, Elis Regina, João Bosco...

Divirta-se, leitor.

E não se esqueça: o autor é músico.

Toninho Vaz
Autor de *Solar da Fossa*; *Paulo Leminski, o bandido que sabia latim*; e *Pra mim chega*, a biografia de Torquato Neto.

Meia-noite e dez,
Bateu nos confins do além,
Na cidade que parou
Pra saudar o rei,
Que da guerra retornava
(Contra o mundo ele lutava!)
Para preservar os confins do além.
— Vamos para a rua!
— Vamos ver o rei passar!
E o nosso soberano homenagear.
Acordaram os que dormiam,
Levantaram os que viviam
Nas alcovas, sós,
Em profundo amor.
Todos se reuniram nas calçadas,
Nos telhados, na avenida, enfim.
Eis que chega o rei,
Atenção para o sinal e, em coro, assim:
Glória! Glória!
Ao rei e senhor que tanto nos quer bem.
Glória! Glória!
Ao supremo chefe dos confins do além.

— Abaixo João!
— Mais abaixo José!
— Viva o nosso Dom Maior, o eterno rei!
— Viva o sol! Viva a verdade!
— Viva eu! Viva a cidade!
E vivamos nós pra saudar o rei.
— Abaixo Maria!
— Mais abaixo com Sofia!
— Viva o nosso Dom Maior, o eterno rei!
— Viva a lua e a claridade!
— Viva a eletricidade!
E vivamos nós pra saudar o rei.
(Se vocês soubessem toda a falsidade que havia ali...)

Povo de coitados!
Mas, pra majestade ouvir, cantavam assim:
Glória! Glória!
Ao rei e senhor que tanto nos quer bem.
Glória! Glória!
Ao supremo chefe dos confins do além...

Paulo Cesar de Castro

*Um agradecimento especial
a Paulo Sérgio Fialho, criador do Festival Estudantil
de Música Popular Brasileira, pelo envio da foto
utilizada na capa e pelas informações sobre a constituição
do juri do II FEMPB de 1968.*

1. 1968: A HISTÓRIA ESTAVA SÓ COMEÇANDO

Se você quer saber mesmo o que aconteceu comigo, cara, então vou contar tudo. Agora tô aqui desse jeito que você tá vendo, mas não devo nada pra ninguém e, desde que me entendo, não gosto de falsidade, mentira, essas coisas. É claro que uma mentirinha de vez em quando não faz mal... Mas tô falando de falsidade mesmo, da grossa. E tem o preconceito também, mas aí são outros quinhentos. Foi isso que me levou a fazer aquela música, "Glória ao rei dos confins do além", que todo mundo achou estranha. Antes, eu já compunha, mas só depois que escrevi aquela letra enorme é que todo mundo achou estranho o que eu fazia. Estranho, como, cara? A música fala de ignorância, falsidade, vaidade, hipocrisia, cretinice, estupidez, tudo isso faz parte do ser humano há um bilhão de anos.

Sempre me lembro daquele velho conto que fala de um rei que desfilou nu pela sua cidade, e a única pessoa a dizer que o rei estava nu foi um menino. Incrível, né? Ainda sou aquele menino: burro, ingênuo, idiota... mas verdadeiro paca! E corajoso também. Há séculos que esses meninos e meninas aparecem por aí e depois somem, ou são mortos, ou presos. Ou, simplesmente, crescem. Dizem que é a lei da vida, uma lei feita pra vida dos filhos da puta! E as putas de verdade não têm nada a ver com isso, tenho até simpatia por elas. Qualquer dia ainda vou fazer uma música para uma puta, vou mesmo.

Às vezes, aparecem umas putinhas disfarçadas na vida da gente, como aquela garota que namorei no colégio de Vila Isabel onde eu fazia o quarto ano ginasial, um ano na frente dela. Ao mesmo tempo, ela namorava mais uns cinco ou seis. Mas eu achava que ela só ficava comigo. Até que um dia a gente terminou.

Depois que fui classificado no II Festival Estudantil de Música Popular Brasileira com a minha música estranha, e cantei naquele teatro grande e antigo no centro do Rio de Janeiro — o João Caetano, na Praça Tiradentes — acompanhado pela orquestra da TV Globo, minha vida mudou. A verdade é que depois que apareci na televisão, parecia que eu tinha virado outra pessoa... E virei mesmo! Aí a danada da garota deu as caras de novo, que malandra... Lembro muito bem que o festival já tinha acabado, as pessoas indo embora, e eu tava do lado de fora do teatro, olhando pela primeira vez na vida a noite misteriosa da Praça Tiradentes encostado num carro, fumando um cigarro e batendo papo com o Nabo, meu melhor amigo do Colégio João Alfredo — o Nabo se chamava José Augusto, mas tinha esse apelido curioso — perto da porta dos artistas (eu era um dos artistas), quando a vi saindo por essa mesma porta.

Que é que ela tinha ido fazer lá, cara? Me procurar, claro. Sei que ela me viu, mas se fez de besta e passou direto, achando que eu ia correr atrás dela, todo contente. Mas não corri porra nenhuma, continuei ali, fumando, fingindo que não tinha visto nada.

Ela foi embora e, antes de desaparecer na fumaça, naquele domingo de agosto de 1968, ainda deu uma olhada pra ver se eu a seguia. Eu? Porra nenhuma. Assim é a vida, cara, elas vão e vem. Depois que apareci na TV de smoking — só porque era o traje obrigatório, mas eu preferia ter ido com uma roupa mais colorida —, aí é que elas iam vir mesmo... Continuei conversando com o Nabo e fumando meu cigarro.

Não ganhei o festival, onde a minha música era a única tropicalista. Mas consegui mostrar que essa deficiência que tenho na perna não tem nada a ver, o que importa é o talento...

— É, cara. O público gostou da sua música — disse o Nabo, querendo me agradar.

— Mas o júri me deu só o sétimo lugar...

— Também... Um júri com músicos como Dori Caymmi, Luis Bonfá, Eumir Deodato, Marcos Valle, Milton Nascimento, o maestro Lindolfo Gaya, os críticos Ary Vasconcelos e Ilmar Carvalho, a cantora Elizeth Cardoso... e o Secretário de Educação Gonzaga da Gama na presidência, não ia dar nunca o primeiro lugar pra uma letra daquelas.

— Nabo, você decorou os nomes do júri inteiro...

— Eu tava de olho neles... É um olho na missa e outro no padre!

— Já pensou se eu tivesse cantado com uma banda de rock, feito o Caetano no ano passado? Não teria tirado nem o último lugar!

— O júri era bom, mas não era doido... Ah, cara, e o Nelson Motta tava lá no teatro — disse o Nabo.

— Mas ele não tava no júri, tava lá só como jornalista.

Eu e o Nabo não perdíamos o "Papo Firme", programinha sobre MPB que Nelson Motta apresentava na TV Globo. Nabo continuou:

— O Nelsinho é o mais aberto de todos, cara.

— É verdade, ele gosta do Caetano, do Gil, dos Mutantes...

— Tem uns idiotas que dizem que ele é bicha... — provocou o Nabo.

— Pô, Nabo, isso é inveja do talento dele! A inveja é uma merda...

Encerrei o papo quando vi minha mãe vindo, de surpresa, em nossa direção. Ela sempre fazia esse tipo de coisa.

— Joga fora o cigarro, cara — disse o Nabo, debochado.

— Já joguei.

— Meu filho, parabéns! O seu amigo, quem é? — perguntou mamãe, enquadrando o Nabo.

— É o Zé Augusto, lá do João Alfredo.

— Ahnn... Olha, meu filho, vamos lá na casa da Chiquita — decretou mamãe, continuando com suas surpresas.

— Mas agora, a essa hora?

— É, agora. Poxa, a gente tá a um passo da casa dela... E ela tá esperando a gente. Vamos lá, meu filho. Tchau, Zé Augusto. — E mamãe foi logo me puxando em direção ao seu objetivo.

— Bom, eu tô indo também — se despediu o Nabo, e se mandou pra Vila Isabel, onde morava, perto do Colégio.

Eu e mamãe fomos pra casa da Chiquita, minha tia-bisavó, que eu chamava de Lelé desde criança, não sei por quê. Realmente, estávamos a um passo da casa dela, que ficava pertinho do João Caetano, no Edifício Villas Boas. Quando criança, eu adorava ficar lá, um pequeno apartamento de sala e quarto no oitavo andar. O 801 era de fundos, mas era o único do prédio que tinha varanda e uma vista linda do centro, sem nada pra atrapalhar.

A Lelé, que na verdade se chamava Francisca, tinha sido professora de música formada pelo próprio maestro Villa-Lobos, e me dava força em tudo que eu fazia. Eu inventava na casa dela as coisas mais malucas — teatro, show de música, mágicas —, sempre com a participação obrigatória de alguns amigos, principalmente do Samuel, um garoto judeu gorducho que morava no mesmo prédio. O irmão mais velho dele era estudante de medicina e, uma noite, foi assassinado num bar da Praça Tiradentes. Nunca me contaram o motivo do crime; fiquei grilado com isso durante muito tempo.

Foi Lelé quem me deu meu primeiro violão — comprado na Mesbla, aquela loja bacana da Rua do Passeio — e meu primeiro LP do Roberto Carlos, "Jovem Guarda", com "Quero que vá tudo pro inferno". Foi ela quem pagou o Professor Raimundo pra me dar as primeiras aulas de violão, e foi na casa dela que descobri que podia compor minhas próprias músicas. Era uma sacanagem eu não ir visitá-la naquela noite, apesar de a minha cabeça ainda estar no teatro, nas garotas que tinha conhecido lá, apesar da minha timidez idiota.

Entramos no velho prédio, aonde eu já não ia há muito tempo. A entrada era estreita, escura; para chegar ao elevador era preciso subir alguns degraus de uma escada meio suja. Já nessa escada me veio a primeira lembrança da infância: eu subia os degraus um por um, seguindo a recomendação de alguns adultos da família que achavam que por ter tido poliomielite, doença que afetou minha perna direita, eu não devia me esforçar.

Eu botava o pé esquerdo num degrau, depois o pé direito no mesmo degrau, e ia subindo com um cuidado desnecessário para o meu caso, que nem era tão grave assim. Até que um dia descobri que podia subir os degraus normalmente, como qualquer pessoa. Eu tava fazendo papel de idiota, cara! Acho que foi essa a minha primeira vitória. De estalo! Depois não parei mais e acho que até abusei, porque levei muito tombo, torci o pé mais de mil vezes... A vida é assim mesmo, cara. Foi assim que aprendi também a me levantar rapidamente.

Quem recebeu a gente no apartamento foi Hilda, a fiel empregada da Lelé. Hilda era uma negra dos seus trinta e poucos anos, mas eu achava que já era velha (quem tem menos de trinta sempre acha que quem tem mais é velho). A velhinha de 84 anos estava sentada em sua cadeira de balanço, imóvel, em frente à televisão em preto e branco — a única luz no quarto — onde ela tinha me visto cantando, poucas horas atrás. Quando me viu na frente dela, em carne e osso, Lelé esboçou um sorriso e eu me inclinei para beijar seu rosto.

Antigamente, a gente só escutava rádio, programas como o do Paulo Gracindo, programas de humor, novelas, tudo na Rádio Nacional! Eu gostava tanto de rádio que botava um radinho de pilha debaixo do travesseiro quando dormia na casa da Lelé — numa cama dobrável que de manhã ia pra trás do armário.

A porta que dava para a varanda estava fechada, uma porta larga, dividida em quatro partes que eram abertas ou fechadas de acordo com a necessidade de luz e ar. Me lembro muito bem de ficar na varanda olhando pro céu, vendo os aviões passarem em direção ao aeroporto. O mais bacana de todos era o Constellation, da Panair do Brasil, um lindo avião de quatro motores que me deixava com vontade de ser comissário de bordo, uma profissão ao mesmo tempo humilde e charmosa — meus pais eram

PAULO GIRÃO

amigos de um comissário chamado Romeu Zero, e nunca esqueci esse nome, porque me lembrava o Recruta Zero, personagem das histórias em quadrinhos. Na minha imaginação, os comissários se divertiam muito viajando, conhecendo gente de diversos países e, principalmente, comendo suas colegas aeromoças, mas esse sonho não durou muito; começou a morrer quando eu soube que aconteciam terríveis acidentes aéreos, onde ninguém se salvava.

Fiz tanta coisa legal na casa da Lelé que não dava pra me lembrar de tudo enquanto eu estava ali, meio contra a vontade, naquela noite do festival estudantil. Aquela noite mudou a minha vida, cara. E a maior coincidência do mundo foi o festival ter acontecido perto da casa da Lelé, justo num dos dois teatros da Praça Tiradentes aonde ela me levou tantas vezes, e onde nas tardes dos fins de semana assisti a algumas peças que me marcaram muito, com muita música, dança, a orquestra num fosso em frente ao palco, figurinos bacanas, cenários incríveis, iluminação e tudo mais, musicais americanos com artistas famosos do teatro brasileiro, como Bibi Ferreira e Paulo Autran... Ih, nem quero lembrar isso agora, ficou tudo no passado, já faz mais de quatro ou cinco anos.

A Lelé já não falava quase nada, ficava só olhando de um jeito que eu não sabia dizer pra onde, se era pra mim, pra TV ou pra alguma coisa que ninguém mais via. Mamãe tentou animar o ambiente escuro, prometendo que eu voltaria outro dia pra conversar mais e almoçar lá, como antigamente. A comida da Hilda era ótima, eu adorava aquele picadinho de filé com molho na manteiga, arroz, feijão manteiga, ovo frito na manteiga, farofa na manteiga...

Senti que a Lelé gostou da minha visita, e também gostei. Tava na hora da gente ir embora pra Tijuca, onde eu morava com meus pais e meus irmãos — que nunca tiveram nenhuma vontade dessas coisas que eu sempre tive, infelizmente. Há algum tempo atrás a gente morava em Laranjeiras, na Rua Soares Cabral, perto do Fluminense Futebol Clube, e antes disso morávamos em Niterói, na praia de Icaraí, onde nascemos — eu e alguns dos meus irmãos — quase um por ano. Eu, que sou o mais velho, ia crescendo e ficando cada vez mais diferente deles, o que nunca foi problema pra mim, só pros meus pais.

De todos nós, fui o único a ser mandado pra um colégio interno. Depois que minha mãe descobriu que eu estava desenhando, fui internado no Anchieta, um colégio de padres jesuítas em Nova Friburgo. Eu fazia desenhos iguais aos do Carlos Zéfiro, daquelas revistinhas de sacanagem que a gente chamava de catecismo... desenhava bem o sexo explícito! Fiquei no colégio só um ano; no final, me expulsaram, dizendo que eu não tinha vocação pra padre... Claro que não tinha, nunca tive! Mas minha passagem por esse colégio foi legal, porque lá eu fiz teatro — uma peça de Maria Clara Machado, "Pluft, o fantasminha", no papel de Capitão Gancho —, fui solista do coral e... continuei desenhando, desta vez guardando os desenhos em lugar seguro. Mas não era hora de lembrar essas coisas.

Minha música ia ser gravada no LP do festival, e aquela noite de 1968 não ia acabar nunca, porque eu não ia deixar. Muita coisa ainda estava pra acontecer — garotas, amigos, festas, garotas, discos, shows, garotas... muita coisa! Eu só tinha dezesseis anos, cara, e minha história tava apenas começando.

2. Beatles, Jovem Guarda e Tropicalismo

Não passou nem uma semana e encontrei por acaso na Tijuca um cara que foi da equipe do festival estudantil; ele me deu o telefone de um músico que tinha participado do júri e gostado muito da minha letra, disse que eu era um puta letrista e queria me conhecer. Tudo bem. Mas lá em casa não tinha telefone, o único telefone que eu costumava usar era o do bar que ficava embaixo do prédio onde eu morava, em frente ao América Futebol Clube. Então, numa noite, desci pro bar, pedi aquele telefone preto ao português e liguei pro tal músico:

— Alô! É o Francis Hime? Aqui é o Paulo Cesar de Castro.

Ele, muito educado, deu a entender que não se lembrava muito bem do meu nome, mas eu falei do festival, da minha música, ele me deu os parabéns e nos despedimos. Foi esse o telefonema.

A verdade é que esses caras eram muito mais velhos que eu — uns dez anos! — e não iam dar bola para um adolescente ridículo da Tijuca, que tinha participado de um festivalzinho de alunos do ginásio representando um colégio de Vila Isabel... Acho que o cara que me deu o telefone do Francis Hime queria me fazer de otário ou, então, de esperto pra caramba. Nunca fui nem uma coisa nem outra.

PAULO GIRÃO

Fui sempre muito tímido, até idiota, principalmente com as garotas. Gosto que as coisas aconteçam naturalmente, como, aliás, tudo sempre aconteceu comigo. "Tem hora pra tudo", eu sempre ouvi isso. Mas, e se a gente perder a hora? Muitas vezes, eu chegava atrasado na escola e não me deixavam entrar. Aí eu ficava do lado de fora conversando besteira, vendo as garotas passarem e imaginando o dia em que não precisaria mais ir à escola.

O que eu gostava mesmo era de ir às festas dos sábados, com aquelas bandas que tocavam músicas dos Beatles e dos Rolling Stones... Gostava mais ainda quando, além da música pra dançar, tinha show de alguém que estava fazendo sucesso. Foi assim que eu vi ao vivo a Gal Costa, o Jorge Ben, Os Mutantes e até o Roberto Carlos, sempre em ginásios de clubes da Tijuca, Grajaú e Vila Isabel. Só uma vez é que fui ao Monte Líbano, na Lagoa, pra ver o show de Sérgio Mendes e Brasil 66, banda que fazia sucesso no mundo todo.

Apesar de ter morado na Zona Sul e ter começado a fazer música em Laranjeiras, primeiro no estilo iê-iê-iê e depois tropicalista, eu era um garoto da Zona Norte do Rio. Não posso me esquecer de quando fui ao ginásio de esportes do Tijuca Tênis Clube assistir a uma das últimas apresentações do programa "Jovem Guarda" — vi Roberto Carlos cantando e chamando ao palco o Caetano Veloso, que vestia aquela camisa de malha vermelha de gola rolê que ele sempre usava quando aparecia na TV. Dava vontade de chegar pra ele e dizer: "Ô, Caetano, será que você não tem outra camisa?"

Apesar de eu ter escutado muitas outras coisas na rádio-vitrola lá de casa, desde Dorival Caymmi e Nat King Cole até mil bandas de pop e rock que faziam sucesso, os que me marcaram mesmo, não só em música, mas no jeito de ser e encarar a vida, foram o Rei da Jovem Guarda, o baiano tropicalista, os quatro caras ingleses e aqueles dois carinhas de São Paulo mais aquela linda menina loura. Roberto e Caetano, Beatles e Mutantes foram minhas principais influências.

A primeira música que fiz foi para uma garota, minha colega de turma numa escola da Rua Ipiranga quando eu ainda morava em Laranjeiras. "Helena" era um roquinho meio Beatles, meio Jovem Guarda, que cantei pela primeira vez com meu violão no Fluminense, perto da piscina e do salão onde acontecia a festa domingueira "Sorvete dançante". Começou a juntar gente pra me ouvir e pensei: *Tô agradando*. E tava mesmo!

Não parei mais de fazer música; era uma maneira que eu tinha de mostrar pra todo mundo que eu podia fazer coisas legais. Não namorei essa Helena, mas ela foi minha primeira inspiração musical, pelo menos serviu como musa do meu primeiro grande sucesso entre a garotada do Fluminense. Depois eu soube que ela soube da música que eu fiz, mas ela nunca me disse nada sobre isso.

Quando comecei a conhecer as letras do Caetano Veloso, as músicas da Tropicália e tudo, já morando na Zona Norte, a coisa mudou. Virei tropicalista! Fiquei doido com aquela música do Caetano, "Alegria, Alegria", e me deu vontade de fazer uma música assim também, uma letra grande, cheia de frases e imagens incríveis e diferentes.

Voltei um dia pra casa — eu estudava de manhã no João Alfredo, na Avenida 28 de setembro — pensando na história do rei que desfilou nu pela cidade e etc. Depois do almoço fui pro quarto fazer a *siesta* e continuei pensando em rei, cidade, falsidade... Não descansei mais. Peguei o violão e comecei a fazer música e letra ao mesmo tempo, vendo um filme na minha cabeça. A história não era mais aquela antiga que todo mundo conhecia, e o menino era eu, vendo tudo de fora e falando através da música, uma letra grande e diferente, feito a do Caetano! E ainda botei um refrão pra todo mundo cantar junto.

O local exato onde a história se passava podia ser qualquer um, porque falsidade, interesses políticos, ignorância do povo, bem, isso acontece em qualquer lugar, no Brasil ou sei lá onde, nos confins do além! Fiquei muito feliz com o que eu tinha feito: mais uma música na fita do meu gravador de rolo, mais um motivo para superar todos os problemas, escola, garotas, família, garotas, dores de estômago estranhas, garotas...

Naquela tarde eu ainda não sabia, mas tava começando a dar um novo rumo à minha vida. Mesmo que eu não ficasse famoso como os Beatles ou Roberto Carlos, mesmo que eu não ganhasse rios de dinheiro, mesmo que eu não fosse um grande compositor como Caetano Veloso ou Paul McCartney, eu seria para sempre, no fundo da minha alma, aquele adolescente tão igual e tão diferente de todos, o cara que fez uma música com o título mais bonito e estranho que já se viu em toda a história da música popular brasileira: "Glória ao Rei dos Confins do Além". Tem outro melhor?

E queria dizer tanta coisa que nem eu sabia, os outros sabiam mais do que eu. Muita gente veio conversar sobre os significados ocultos que tinham descoberto na letra: por causa da censura do governo militar, as letras das canções de MPB eram cheias de significados ocultos, coisas que não se podia dizer abertamente. Uma garota do Colégio cismou que eu tinha feito a música para uma colega dela que eu via de vez em quando, mas não tinha a menor ideia de que se chamava Glória (depois eu soube que o que ela queria mesmo é que eu namorasse essa tal Glória); uma professora de História disse que o rei dos confins do além era Luis XIV de França, chamado de Rei-Sol, de quem eu nunca tinha ouvido falar; e um cara que estudava numa faculdade perto do colégio me garantiu que "Glória ao rei dos confins do além" era um protesto contra os reis e ditadores tiranos, e que o título, na verdade, deveria ser "Glória ao rei da puta que os pariu".

É. Pode ser.

3. Confusão, desilusão e emoção: a música no disco

Não sei direito como foi que eu recebi aquele recado, telegrama ou sei lá o quê, mas ainda naquele mês de agosto eu soube que deveria ir com urgência ao escritório da gravadora Phillips, no centro da cidade, e o assunto era a gravação do disco com as doze primeiras músicas classificadas no festival estudantil. A Philips ficava num prédio no final da Avenida Rio Branco e eu não fazia a menor ideia do que me esperava por lá.

Quando cheguei ao escritório da gravadora me mandaram pra uma sala onde funcionava uma tal Edições Musicais Saturno, uma editora da gravadora Philips. Eu não entendia nada dessa história de editora musical e gravadora de discos, mas me explicaram que toda música que ia ser gravada precisava ser editada por uma editora musical. Aí, o cara que estava atrás da mesa me mostrou um contrato pra eu assinar, mas eu tinha só dezesseis anos, cara, e o meu pai tinha que assinar também. Era o fim da picada! Se o meu pai não assinasse, não tinha gravação.

Além da assinatura do meu pai, eu tinha que ter firma da minha assinatura num cartório, uma tremenda burocracia, um saco! E o cara da tal editora ainda me perguntou qual o nome que eu ia usar como autor, meu nome artístico, essas coisas. Já que o meu pai — um bancário que não gostava de música e muito menos de artistas, dizia que eram todos veados e vagabundos — tinha que entrar nesse negócio, decidi que o meu nome de autor seria o meu próprio nome, com o sobrenome do meu pai — desprezando o da minha mãe, era isso que se costumava fazer. Mas era também uma chance de homenagear a família do meu pai que, pela primeira vez, ia participar, ainda que só com o sobrenome, de uma vagabundagem legal como aquela.

O cara botou o contrato numa máquina de escrever daquelas antigas, grandonas, com papel carbono e tudo, pra fazer uma cópia. Escreveu o que tinha que escrever, nomes, endereços e tudo mais; depois, tirou a papelada da máquina e me entregou pra eu levar pra casa, assinar, reconhecer as assinaturas e devolver tudo bonitinho o mais rapidamente possível, porque se não a minha música não ia poder sair no disco.

Eu disse pra ele que ia fazer tudo rapidinho, porque se tinha uma coisa que eu não ia querer nunca era deixar de entrar naquele disco, aquilo era a minha vida! Mas faltava uma coisa ainda, depois daquela burocracia toda: quem ia gravar a minha música? O cara me mandou pra uma outra sala, pra eu falar com um cara da turma da produção que ia tratar desse assunto, a parte artística, que era a mais legal — o cara me mandou sentar e perguntou meu nome, o nome da música, disse que eles tinham que fazer logo o LP do festival e por isso ele precisava saber algumas coisas a respeito da música e de mim.

— Como é a sua música? Qual o estilo dela?

— A minha música é tropicalista — respondi sem vacilo. E continuei: — Agora em junho até saiu uma foto minha no jornal *O Globo*, e embaixo da foto escreveram: "Tropicalista".

— Bom... Aqui na Companhia — ele chamava a gravadora de Companhia — nós temos os maiores artistas da música brasileira, inclusive os tropicalistas, você sabe...

— Sei — na verdade eu não sabia nada disso.

— Quem você gostaria que gravasse sua música? Você tem preferência por algum artista?

— Tenho.

— Quem?

— Caetano Veloso.

— Mas o Caetano não vai poder. Ele tá viajando com um show.

— Então, a Gal Costa — emendei logo.

— Também não vai dar. Ela tá nesse mesmo show, viajando pelo Brasil. É um show grande, com vários artistas...

Depois, eu soube com o Nabo — ele sabia de tudo! — que era um show da Rhodia, uma indústria de tecidos que fazia desfiles de moda com shows da MPB mais moderna que existia. Se a minha música fosse uma vaca, eu já tava vendo ela fugindo pra um brejo tropicalista, lá longe... Mas após um silêncio mortal de dois segundos, tive a iluminação divina:

— E Os Mutantes? — perguntei à queima-roupa.

— Eles são da Companhia, tão começando... — o cara respondeu, querendo esfriar um pouco a questão.

— Eu também tô — falei, recuperando meu poder de fogo.

— Eles tocaram no festival da TV Record, ano passado, acompanhando o Gilberto Gil.

— É, eu vi...

— Vamos ver se eles podem... Porque senão vai ficar difícil. Nós temos outros artistas, mas... Você quer mesmo Os Mutantes?

Então, fechei a questão, salvando a minha vaca tropicalista:

— Claro! Os Mutantes! Arnaldo, Sérgio e Rita!

— Ótimo, vamos falar com eles.

Saí de lá contente, mas não muito. Estava numa tremenda dúvida. Será que Os Mutantes iam mesmo querer gravar a minha música? E se não quisessem? Só me restava esperar.

Voltei ao escritório da editora musical pra entregar o contrato com minha assinatura e a do meu pai — ele assinou, porque viu que a coisa era séria: quando vai pro papel, tudo fica sério. Com toda a papelada assinada e reconhecida, guardei uma cópia pra mim e comecei a minha longa espera pelo disco do festival estudantil, onde ia estar a minha música.

Algumas semanas se passaram e, numa tarde, eu estava com o Nabo na Praça Saens Peña, ponto central da Tijuca, olhan-

do algumas barracas de uma feira de discos que acontecia por lá.
É claro que eu procurei pelo LP do festival, mas ninguém sabia
de nada. Aliás, muita gente nem sabia que o festival estudantil tinha acontecido; o único festival de que se falava era o III Festival
Internacional da Canção que estava sendo realizado pela TV Globo, e onde Os Mutantes participavam com a música "Caminhante
noturno". O *meu* festival tinha virado pinto... pinto pelado!

Eu já estava realmente desiludido, sem esperança de encontrar o disco que eu tanto queria e tomando o caminho de casa,
quando o Nabo falou, apontando pra uma barraca na ponta da
praça:

— A gente ainda não foi naquela barraca lá.

— Então, vamos, Nabo. Mas, é a última!

Fomos até a tal barraca distante, e aí a mágica aconteceu: o
disco estava lá! O LP do festival estudantil, finalmente! Comprei
o disco e vi que, na contracapa, estava a minha letra, maior do
que todas as outras: no alto, o título, "Glória ao rei dos confins do
além"; logo abaixo, entre parênteses, o meu nome, Paulo Cesar
de Castro; e em seguida, um pouco mais embaixo: "Cantam: Os
Mutantes."

Os Mutantes tinham gravado mesmo, cara! Eu e o Nabo
corremos pra minha casa. Botei o disco pra tocar na radiovitro-
la, e quando começou a introdução maluca, com som de tiros
e cavalos correndo, e depois a guitarra, o sintetizador, a voz da
Rita Lee... não aguentei. Comecei a chorar. Era como se a música
"Gloria ao rei dos confins do além" fosse uma flecha que eu tinha
atirado no espaço, sem ter alvo definido, e que acabara atingindo
a mim mesmo quando ouvi a gravação dos Mutantes.

É verdade, cara. Era muito melhor e mais estranho do que
eu poderia imaginar, um som tropicalista pesado, com influência dos Beatles! Ouvimos várias vezes aquela faixa, a primeira do
lado B. No início de outubro comprei outro LP, não me lembro
onde, e voltei à casa da Lelé pra dar a ela com a minha dedicatória, muito pouco diante de tudo que ela fez por mim.

Em dezembro daquele ano a ditadura inventou o tal de Ato
Institucional número 5 — nome besta pra uma coisa escrota, que

ia transformar o Brasil num inferno! Continuei compondo; era como se a gravação da minha música pelos Mutantes me tivesse dado superpoderes. Eu tinha deixado de ser mais um adolescente babaca e me transformado num super-herói, o rei de mim mesmo! Me lembro de ter falado pro Nabo:

— Vou em frente, cara! Com qualquer ato, censura, crítica, babaquice ou sacanagem que possam inventar. Vou, porque descobri que sei fazer música, me sinto bem compondo, independente de aquilo que eu faço ter o nome X, Y ou Z, agradar à madame ou à empregada, ao doutor ou seu motorista, ao funcionário ou ao patrão, ao vagabundo ou ao escritor —os dois últimos, aliás, muito parecidos na cabeça de muita gente. Não vou ser mais um médico, engenheiro ou advogado medíocre, nem outro bancário infeliz. No outro dia li uma coisa muito legal que não sei quem escreveu, mas que é mais ou menos assim: "O adolescente é um mutante que se consome ardentemente enquanto cresce; o adulto é um fósforo queimado que não fede nem cheira." Ha, ha, ha...

— Essa é boa, cara! — o Nabo vibrou com o que eu disse.

— É isso aí, Nabo: quem quiser gostar, que goste, e quem não quiser, que se foda!

4. O Teatro Azul da Rua Mariz e Barros

Ainda em 1968, fiz uma música chamada "Galera dos sonhos", que os meus amigos pediam sempre pra eu cantar. E eu cantava, logo em seguida à "Glória ao rei dos confins do além", como se as duas estivessem ligadas... e estavam mesmo. A "Galera" falava de uma viagem de sonhos e esperança *para além do mar*.

A viagem estava apenas começando. Continuei assim no ano seguinte, mas não adianta a gente ficar só compondo e não mostrar as músicas pra ninguém, certo? Depois da gravação dos Mutantes, eu já estava com vontade de me apresentar para o grande público! Eu cantava bem legal, mas não sabia como ia começar essa história de fazer show só com voz e violão, porque, infelizmente, eu ainda não tinha uma banda. Foi aí que apareceu o Darci, um cara que eu tinha conhecido no colégio, que também escrevia letras e gostava muito de música brasileira, até mais do que eu.

Darci sabia de tudo, tanto que me falou que na Rua Mariz e Barros, na Tijuca, bem perto de onde eu morava, tinha um teatro que ficava dentro de um colégio de freiras, e nesse teatro aconteciam uns shows de música brasileira, muito legais pra quem estava começando:

— Vai lá e procura o Pedro Jorge, diretor do teatro.

Eu fui. O cara não estava, e acabei falando com uma freira, que me disse que eu tinha que voltar outro dia. Quando voltei, falei com o tal Pedro Jorge e ele me disse que na verdade eu precisava falar com o Aldir, o Aldir é que era o responsável pela parte musical do teatro, ouvia os novos compositores que queriam se apresentar e decidia quem podia se apresentar ou não.

Pedro Jorge marcou dia e hora para o papo com o Aldir, mas tinha uma coisa que eu devia saber: o Aldir dava medo, era alto, magro, tinha uma cara muito séria, olheiras escuras, e não dava moleza pra ninguém. Eu já imaginei que ia encontrar um vampiro de capa preta, dentes pontudos e tudo mais... mas o Pedro Jorge arrematou dizendo que o Aldir era esquisito só por fora. Por dentro, era muito pior.

Eu devia escolher só umas três ou quatro músicas pra mostrar pro Aldir e rezar pra ser aceito entre os novos compositores do Teatro Azul — era esse o nome do teatrinho da Mariz e Barros. O Aldir era letrista, poeta, compositor, estudava pra ser médico psiquiatra (seria um louco?), já tinha participado de alguns festivais e tocava bongô. Eu tinha a impressão de já ter ouvido falar nele...

Fui encontrá-lo no Teatro Azul. Quando cheguei lá no dia combinado, na hora certa, levando meu violão e minha timidez, entrei na salinha onde o Aldir recebia as pessoas e lá estava o terrível vampiro... na verdade, uma doce figura, apesar de parecer que o mundo estava desabando sobre a sua cabeça.

Comecei mostrando a música do festival estudantil, claro, falei que tinha sido gravada pelos Mutantes, mostrei mais umas três músicas — essas mais românticas — e o cara foi me ouvindo em total silêncio, não dizia nada, só pedia pra mostrar outra e mais outra... No final, ele me disse que eu voltasse lá no dia tal, ia ter um show onde os compositores novos iam se apresentar.

Fui embora prometendo tocar aquelas mesmas músicas do teste, mas o Aldir me disse que eu podia tocar as que eu quisesse, acho que ele gostou mesmo. No dia do show, subi ao palco com meu violão e fiquei olhando pra primeira fila da plateia onde estava o Aldir. No início, me pareceu que ele estava dormindo, mas me aplaudiu junto com o público. Senti no ar uma coisa meio estranha que eu não sabia o que era.

No final, depois que agradeci os aplausos, um cara se levantou e começou a gritar:

— Abaixo a ditadura! O povo no poder!

Uma mulher mandou o cara calar a boca, outras pessoas entraram na discussão e o pau quebrou. Me mandei do teatro, antes que a porrada sobrasse pra mim. Essa foi a minha estreia.

Depois do Teatro Azul, fiz muitas outras apresentações em colégios da Tijuca, só com voz e violão. Uma vez me chamaram pra tocar num colégio onde ia se apresentar também um tal de Luis Carlos Sá, que já tinha muitas músicas gravadas. Eu ia tocar depois dele. O Sá tinha cara de CDF e não parava de tocar, tocou mais de dez músicas! Dos bastidores, gritei:

— Ô, seu fominha! Deixa eu tocar também!

Nem sei se ele ouviu, esse é o problema dos estreantes como eu: sempre se ferrando com os mais velhos...

Voltei várias vezes ao Teatro Azul pra ouvir compositores já conhecidos, como Tito Madi, ou novos que já tinham feito sucesso em festivais, como Paulinho Tapajós. O mais novo era eu mesmo. Eu achava que estava no fim da fila, era aquele que não vai encontrar ingresso pro circo, que vai perder a viagem... No entanto, embora pensasse assim, eu não deixava de batalhar, de fazer as coisas que tinha que fazer.

Fiquei amigo do Darci e comecei a frequentar a casa dele, numa vila em Vila Isabel. A gente sempre falava de música. O Darci queria fazer um programa de rádio só com música brasileira. Não vi mais o Aldir, só nos festivais da TV.

Um dia, soube que o Teatro Azul tinha acabado. A ditadura acabou com o Teatro Azul... Só então entendi por que o Aldir tinha aquele ar estranho. Ele já pressentia que o Teatro Azul, mais dia, menos dia, ia acabar. O Teatro era azul, mas os militares mandavam chumbo grosso, cara!

5. Censura na Rádio MEC e *Big Boy* na Mundial

Parei de sair com o Nabo e passei a encontrar mais o Darci. Os dois moravam em ruas próximas, eram do mesmo colégio que eu, mas não eram amigos. Fiquei mais amigo do Darci, até que o Nabo sumiu de vez. O Darci era mais da música mesmo, do meio artístico e do rádio. Tanto que, um dia, me convidou pra fazermos um programa numa rádio do governo que só tocava música clássica. Ele achava que só nessa rádio poderia fazer o programa que imaginava, com gente nova e grandes nomes da MPB.

Fomos até a Rádio na Praça da República na maior cara de pau, e pedimos pra falar com o Diretor Geral, um tal de Avelino. Não é que o cara nos recebeu de primeira? E foi muito legal com a gente, mas disse que quem decidia esse assunto era o Diretor Artístico, Sérgio Viotti. Voltamos noutro dia e falamos com o Sérgio, que gostou da nossa ideia e pediu que a gente gravasse um programa no estúdio, pra ver como é que ficava a coisa. Nós gravamos, fomos aceitos, e passamos a ser produtores da Rádio MEC, fazendo o primeiro programa de MPB deles, o "Brasil MEC-Música".

Entrevistamos gente como Milton Nascimento, Egberto Gismonti, Edu Lobo, Gonzaguinha... Eu gostava do Gonzaguinha,

mas o Darci simplesmente adorava as músicas e o jeito debochado dele. A gente ia na casa desses caras todos gravar as entrevistas
com o meu gravador, que era como uma maleta do tipo 007. Eu
e Darci já estávamos ficando famosos, e o bom é que assistíamos
os melhores shows sem pagar nada... Até que resolvemos tocar no
programa uma música do Gonzaguinha que falava assim: "Você
merece, você merece/ Tudo vai bem, tudo legal/ Cerveja, samba, e
amanhã, seu Zé/ Se acabarem com teu carnaval?" Era, logicamente, uma puta ironia com o governo.

O programa era gravado com antecedência, e no dia da
música ir pro ar, não foi. Achamos estranho. No dia seguinte, fomos chamados à Rádio pra conversar com um sujeito que vivia
circulando lá dentro e a gente não sabia quem ele era nem o que
fazia. O cara era da Censura Federal, e falou pra gente:

— Vocês não podem tocar essas músicas subversivas. To-
quem só música instrumental, a discoteca da rádio tem milhares
de discos.

Milhares? Mas nós só queríamos tocar a nova MPB, ficamos putos da vida. Ainda fizemos o programa por mais alguns
dias, até que soubemos que o Avelino ia ser demitido, junto com
o Sergio Viotti. Eu e Darci também íamos pro olho da rua. Nossa decisão de programar a música do Gonzaguinha acabou com
todo mundo! Saímos da Rádio MEC, que não tocou mais MPB,
só coisas antigas e instrumentais. Mas o Darci manteve seu sonho
de ser radialista, era isso que ele queria da vida.

E por falar em rádio, algum tempo depois do festival estudantil conheci um cara que fazia um sucesso monstruoso na
Rádio Mundial AM, que funcionava no mesmo prédio do jornal
O Globo, no centro do Rio. Se chamava Newton Alvarenga Duar-
te, popularmente conhecido como Big Boy, o radialista e DJ mais
importante que o Brasil já teve: só a voz dele é que era conhecida,
quase ninguém sabia como ele era, e a maioria dos ouvintes nunca tinha estado pessoalmente com ele.

Antes de fazer sucesso como Big Boy no rádio, e depois
como DJ nos bailes, Newton tinha sido professor de Geografia, e

durante um bom tempo escondeu sua verdadeira identidade, que só era conhecida por seus ex-alunos. Transformou-se num personagem misterioso pra muita gente, e como é que eu o conheci? Eu e Darci, antes da experiência na Rádio MEC, trabalhamos alguns meses como corretores de imóveis na Tijuca. Uma vez fui fazer plantão de vendas num prédio onde trabalhava um senhor muito sério, que eu soube que era pai do Big Boy. Me aproximei, disse que era compositor e tinha uma música gravada pelos Mutantes e queria muito conhecer pessoalmente o filho dele, de quem eu era o maior fã. Com a maior boa vontade, o pai do Big Boy escreveu um bilhete me apresentando pro filho, que ele chamava só de Newton, claro.

Fui até a rádio com violão e tudo, e percebi que Newton se emocionou ao ler o bilhete do pai, escrito com letra de quem não ficou muito tempo na escola. Newton era gordinho e sério, ao contrário de Big Boy, o personagem amalucado que ele encarnava no rádio. Toquei algumas músicas, mas a que ele mais gostou foi "Helena".

— Tem influência dos Beatles — ele disse, e foi superlegal pra mim, porque Big Boy era especialista em Beatles, tanto que tinha um programa aos sábados chamado "Cavern Club", onde tocava só músicas deles.

No final da conversa, ele me disse que o único produtor de discos da MPB que ele conhecia era o Eustáquio Sena, da Som Livre, que poderia escutar o meu trabalho. Na hora, pegou uma folha de papel com o timbre da Rádio Mundial — ele era o diretor geral — e escreveu uma carta falando bem pra caramba de mim: "Eustáquio... dê uma atenção toda especial ao rapaz, compositor de talento... o material musical dele é de primeira qualidade..."

Fui falar com o Eustáquio, e ele gostou mais de mim como cantor romântico do que como compositor tropicalista. E eu não queria ser mais um cantor romântico, o que teria sido, talvez, mais fácil pra começo de carreira — e mais fácil pra final de carreira também: por muito tempo fiquei na dúvida se deveria ter me tornado cantor romântico ou não.

Dessa história toda, o mais importante foi ter conhecido pessoalmente o inesquecível Big Boy, em pleno estúdio da Rádio Mundial. Isso não era pra qualquer um! Me senti como se fosse o Paul McCartney brasileiro!

6. A INCRÍVEL "NOITE DA FEIJOADA" DO CHACRINHA

A coisa mais incrível que eu tinha feito, dois meses antes da noite do festival estudantil, foi participar do programa do Chacrinha na TV Globo. Eu e mais alguns estudantes compositores fomos convidados para falar do festival na "Discoteca do Chacrinha", programa que o grande comunicador fazia ao vivo às quartas-feiras com cantores de sucesso.

Eu já andava pelos corredores e estúdios da TV Globo, no Jardim Botânico, há algum tempo, porque era lá que a gente ensaiava pro festival com a orquestra do maestro Mário Tavares — um cara de uma paciência infinita, que aturava toda aquela garotada iniciante e idiota, eu principalmente. Descobri que existia uma cantina no quarto andar do prédio da emissora, e passei a ir lá para lanchar. Enquanto esperava minha hora de ensaiar, ficava vendo os artistas das novelas maquiados e vestidos como pessoas de séculos passados, mas comendo hambúrguer e bebendo Coca-Cola.

A coisa mais legal era que a cantina se abria para uma varanda de onde era transmitido o "Capitão Furacão", um dos primeiros programas infantis da TV. Eu não era criança, mas o Capitão Furacão, um velho marinheiro (velho lobo do mar, como se dizia), tinha uma assistente chamada Elizângela, mais ou menos da minha idade, morena, longos cabelos negros... Estava começando a carreira de atriz. Uma gatinha! Virei frequentador da cantina.

Na noite do Chacrinha — era um programa especial, a "Noite da Feijoada", dois meses depois da "Noite da banana", onde Caetano Veloso cantou "Alegria, alegria" —, fomos para o estúdio onde estava armada a arquibancada dos convidados, eu e mais uns caras do festival. Os artistas se apresentavam de frente pra plateia lotada de fãs enlouquecidos, e de costas pra arquibancada onde nos sentamos. Quer dizer: quem estava na arquibancada fazia parte do cenário, com grandes feijões de papelão por todos os lados e as *chacretes* de avental bem curto e uma enorme colher de pau, imitando cozinheiras. Pra justificar a "Noite da feijoada", distribuíram pro pessoal da arquibancada e outras pessoas em volta pratos de alumínio com feijão, arroz, couve e um pedaço de linguiça. E uma colher de plástico, pra ninguém se ferir.

De repente, estando todos nos seus lugares — a bagunça era super organizada — começou a tocar a música-tema da "Discoteca do Chacrinha": "Abelardo Barbosa/ está com tudo e não está prosa/ menino levado da breca/ Chacrinha faz chacrinha com a Discoteca/ Ô, Terezinha! Ô, Terezinha!/ É um sucesso a Discoteca do Chacrinha". Emocionante, cara, você nem pode acreditar o que é participar de uma coisa dessas!

Entre os artistas daquela noite, me lembro do Paulo Sérgio (que alguns diziam imitar o inimitável Roberto Carlos), do Nelson Ned (o anão que tinha um vozeirão) e do Juca Chaves (o menestrel narigudo).

Acontece que mal comecei a comer, caiu um chiclete no meio da minha comida. Parei de comer, claro, puto da vida com o sacana que fez aquela merda. Olhei pra todos os lados, mas não vi quem foi, senão tinha dado um esporro naquele filho da puta! O safado deve ter mirado bem no meio do meu prato e... acertou. Deve ter se divertido um bocado, o babaca. Mas não dava pra fazer nada.

Continuei ali com meu prato na mão, até que veio uma moça e levou embora. Lá se foi meu jantar! Chiclete com banana eu já tinha ouvido falar, naquela música do Jackson do Pandeiro — "aí, eu vou misturar Miami com Copacabana/ chiclete eu misturo com banana/ e o meu samba vai ficar assim..." —, mas feijoada com chiclete, não dá!

Fiquei quieto no meu lugar, assistindo os cantores e a vibração da plateia, curtindo estar no meio daquilo tudo. Esqueci a sacanagem do chiclete, até que alguém veio nos chamar pra frente do palco: era a hora de o Chacrinha nos entrevistar. O Velho Guerreiro perguntou o nome dos estudantes compositores, o nome da música e da escola que estavam representando no festival, e pediu a cada um pra cantar um trecho da sua música. Eu cantei o refrão de "Glória ao rei dos confins do além". As garotas do auditório ficaram ligadas em mim, como se eu fosse artista. E eu era!

A nossa participação foi quase no final, e logo saímos do estúdio, mas eu não estava a fim de ir embora. Como não tinha comido o feijão, nem nada, fiquei com vontade de ir à cantina comer um sanduíche, e entrei no elevador junto com Juca Chaves e um cara do festival pra subir ao quarto andar. Aí, o cara resolveu convidar o Juca pra participar de uma passeata que ia acontecer na próxima semana na Avenida Presidente Vargas — a "Passeata dos Cem Mil" contra a ditadura, da qual participaram Chico Buarque, Gilberto Gil, Caetano Veloso, Rubens Correa, Norma Bengell e muitos outros artistas.

Estávamos no meio do ano de 1968. Juca Chaves disse que não ia, não, muito obrigado. Aí, o cara insistiu, disse pro Juca que os artistas estariam em peso na passeata, o fulano, o beltrano... O Juca respondeu que só ia à passeata se fosse pra levantar as saias das meninas! Na verdade, ele não queria levantar bandeira política nenhuma, nem provocar os militares. E ainda completou: "Eu quero é ver a passeata das meninas... sem calcinhas!"

Juca Chaves saiu no terceiro andar. O cara do festival ainda ficou xingando ele de alienado, e eu fui pra cantina. Depois, quando saí da TV pela porta dos artistas, algumas das garotas da plateia ainda estavam lá esperando seus ídolos, mas quando me viram, pediram o meu autógrafo! Eu dei, claro. E fui todo orgulhoso pegar o ônibus pra Tijuca.

Nunca mais esqueci o Chacrinha, nem as gostosas *chacretes*, as fãs enlouquecidas... Até o maldito chiclete ficou grudado na minha memória. A gatinha Elizângela, claro, já estava morando dentro do meu coração pirata.

7. As calças do Gonzaguinha
e a casa do MAU

Uma das minhas canções foi gravada em 1971 pela cantora Alaíde Costa, que a tinha escutado através do violonista de sua banda, amigo meu da Tijuca, a quem devo a gravação de "Diariamente", uma música de que todo mundo gostava. Esse amigo, que eu e outros chamávamos de Althier (era um dos sobrenomes dele), estudava odontologia e era muito vaidoso, vivia ajeitando a cabeleira feito o Zé Bonitinho. Fazia músicas cheias de acordes difíceis, que os músicos adoravam.

Até o compositor Johnny Alf — que morava em São Paulo, e com quem conversei uma vez num hotel da Rua Pedro I, na Praça Tiradentes, onde ele sempre se hospedava no Rio — me pediu pra autografar o disco que a Alaíde deu pra ele! "Diariamente" se tornou uma música *cult*, tocada nas boates do Leblon, e foi regravada por outros cantores, como Pery Ribeiro e Emilio Santiago.

Tive, aliás, um parceiro nessa música, o Gerson. Ele era letrista, e por essa razão eu parei de escrever letras por um tempo, fiquei fazendo só música. Gerson era um cara agitado. Morava na Muda, perto do morro do Borel, e participamos juntos de dois festivais universitários da TV Tupi do Rio, onde conheci muita gente boa, como, por exemplo, o cantor Lúcio Alves.

Eu só podia participar desses festivais tendo o Gerson como parceiro, porque ele era universitário e eu não. Nossa parceria começou na época que estávamos frequentando um sarau de música numa casa na Rua Jaceguai, no Maracanã. Fui parar lá por causa de um encontro inusitado: eu mandava fazer calças por encomenda, como quase todo mundo, e o meu alfaiate era o Charles, na Praça Saens Peña. Um dia, eu estava no Charles — um senhor gordo, bigodudo, deficiente físico, andava com uma muleta debaixo do sovaco —, quando apareceu um cara muito magro, barbado, que achei parecido com Dom Quixote, o famoso personagem de Cervantes.

Olhei pro cara e pensei: *Já vi esse aí em algum lugar.* Era o compositor Gonzaguinha, que tinha vencido o festival universitário e levado muita vaia, porque o público não ia com a cara dele. Mas depois desse começo antipático ele fez o maior sucesso com suas músicas românticas, explodindo corações! O cara era muito bom, mesmo.

Mas o que eu quero dizer é que falei pro Gonzaguinha que eu era compositor também, e ele me convidou pra a tal casa onde se reunia o MAU, Movimento Artístico Universitário:

— Aparece lá. É na Rua Jaceguai, número 27, no Maracanã.

Depois, pegou as calças dele — eram três, todas iguais, feito uniforme de colégio — e foi embora a pé, sem seu cavalo Rocinante.

Peguei a minha calça (só uma) e fui embora também, pensando em aparecer no MAU — achei o nome interessante, porque tinha um jeito de coisa "maldita".

A casa do MAU era na verdade onde moravam o médico psiquiatra Aloísio (outro louco?) e sua família. Aloísio era um velho boêmio que tocava violão e abria sua casa para a rapaziada que fazia música e participava dos festivais. Fui até lá no dia em que o Gonzaguinha falou pra eu ir, uma noite de quarta-feira, quando a casa não ficava muito cheia de gente. Cheguei ao portão, que estava trancado com cadeado, e toquei a campainha. Apareceu uma mulher que me perguntou:

— Você é convidado de quem?

— Do Gonzaguinha — respondi com orgulho.

Ela abriu o portão e eu fui entrando, como se fosse pra uma festa de sábado, vestindo a calça do Charles. A sala era meio escura, toda forrada de um papel de parede estranho, e os móveis eram antigos. Quem olhava a casa de fora não sabia o que acontecia lá dentro. As pessoas andavam com um copinho de bebida numa das mãos e um cigarro na outra — quase todo mundo fumava, inclusive eu —, todos em silêncio, pra não perturbar os caras que tocavam violão. Me falaram que se eu quisesse beber tinha que ir até à cozinha e pegar uma batida na geladeira. Foi o que fiz. Peguei um copo de vodka pura (não tinha mais nada, nem batida, nem gelo) e voltei pra sala.

De repente, o velho Aloísio chegou e se sentou no centro da roda de violão. As pessoas que estavam em pé se aproximaram. Os caras começaram a tocar na maior seriedade e, cada vez que terminava uma música, Aloísio estalava os dedos e todos estalavam também.

Em determinada altura, chegou à sala um cara de bigode, cavanhaque e costeletas, que estava começando a fazer sucesso. As pessoas praticamente o obrigaram a cantar uma de suas músicas. Ele começou meio sem vontade, e alguém pediu pra ele fazer "aquela voz". De repente, ele passou a cantar com voz rouca, feito cantor negro americano: "Eu me lembro, quando noite a dentro/ eu me lembro..." O pessoal urrou de prazer! Alguns até bateram palmas pra performance dele. O cara se chamava Ivan Lins.

Em outra noite, quem foi pro centro da roda fui eu, os caras mais velhos em volta, como sempre. Toquei duas músicas e, no final, percebi que estava sendo julgado. Alguns compositores universitários trocaram palavras e chegaram à conclusão de que eu era bom compositor e cantor. Mas um deles, o César — muito magro, olhos fundos, as veias saltando — disse, cheio de autoridade:

— O trabalho de letra é bom. Só a letra! — foi o que ele achou...

E fui aprovado. Estive na casa do MAU várias vezes, não só pela música, mas porque muitas garotas iam lá. O problema é que eram todas universitárias, mais velhas do que eu, e não iam querer papo comigo, senti isso desde o primeiro dia. Mas sabem quem eu também encontrei? O Aldir, ele mesmo, o anjo subversivo, o ex-vampiro do Teatro Azul.

O Aldir quase não aparecia na sala onde rolava a música, ficava num outro cômodo, nos fundos da casa, onde quase ninguém podia entrar. Aldir Blanc era uma das pessoas mais importantes lá, assim como o Gonzaguinha que, aliás, namorava a Ângela, filha dos donos da casa.

Uma noite, apareceu por lá pra fazer uma reportagem o pessoal da *InTerValo*, uma revista com notícias de televisão, artistas, essas coisas. Fizeram uma foto com as pessoas que estavam na sala, Aloísio, Aldir, Gonzaguinha, César, Lucinha (namorada do Ivan), mais umas três pessoas que eu não conhecia, e eu, atrás, encostado na parede. A foto foi publicada e muita gente que eu conhecia pensou que eu era parceiro daqueles caras do MAU...

Mas o único universitário que se tornou meu parceiro, o Gerson, eu já conhecia do festival estudantil no João Caetano, e reencontrei por acaso no MAU. Depois, o encontrei mais uma vez no festival "Jaceguai, 27", promovido pelo pessoal do MAU no Instituto de Educação, na Rua Mariz e Barros, a mesma do Teatro Azul. Participei desse festival com música e letra minhas mesmo, uma canção meio bossa-nova chamada "Já passei mais de mil anos". O Gerson concorria com uma música dele, de parceria com não lembro quem.

No final, venceram os compositores que já eram do MAU desde o início, mas fui classificado entre os dez primeiros... em sétimo lugar: fiquei achando que essa colocação nos festivais de música estava reservada definitivamente pra mim. O tempo passou, e eu soube que, infelizmente, quase todas as pessoas da casa onde se reunia o MAU tinham morrido. Mas a casa continuou lá, no mesmo lugar, com seu papel de parede e seus fantasmas de copinho na mão, fumando sem parar.

Acho que aprendi muito com essa história de movimentos artísticos, grupos universitários, essa coisa toda. No fundo, todo mundo, assim como eu, só quer se dar bem naquilo que gosta de fazer.

Participei de vários grupos de novos compositores no Rio de Janeiro, em Santa Teresa e outros lugares. O MAU, pra mim, foi bom, e eu nem era universitário... Sinceramente, ainda não sei por que isso era importante, quando o que se quer é apenas fazer música, aquela que sai do nosso coração e não precisa de nenhum diploma.

Quer saber de uma coisa? Quem quiser ser universitário, seja; quem não quiser, não seja. Música boa não tem nada a ver com isso.

8. MÚSICA, AMOR E AVENTURA NAS CIDADES DO INTERIOR

De todos os festivais de que participei — fora o estudantil de 1968 —, os que eu mais gostei aconteceram em cidades do interior de Minas Gerais e do Espírito Santo. A gente sempre arrumava umas garotas nessas cidades, cara! O único problema é que elas queriam vir pro Rio e casar com a gente. Aí, não dava, né? "Casamento, enfim, não é papo pra mim...", como dizia Roberto Carlos, antes de se casar com a Nice.

Por falar nisso, uma vez fui participar de um festival na cidade de Roberto Carlos — Cachoeiro do Itapemirim, no Espírito Santo — e fiquei com uma garota de lá que era a cara da cantora Wanderléa, a "ternurinha" da Jovem Guarda, e até se vestia igual a ela. Num dia de manhã ela foi me acordar no hotel onde eu estava. De manhã, sabe como é, a gente tá firme como uma rocha... Transamos ali mesmo, na hora.

Pra variar, nesse festival fiquei com o sétimo lugar (eu não disse que tava reservado pra mim?), e quem ganhou foi um cara de Cachoeiro que morava no Rio, um tal Sérgio Sampaio, que lembrava um pouco o Caetano Veloso por causa da magreza e dos cabelos. Mas quando o festival terminou, fui pra um bar onde, me disseram, estava bebendo o cara que tinha sido presidente do júri, um velho cantor de sambas, muito gente boa, chamado Cyro

Monteiro. O Cyro bebia chope com Steinhaeger e tive o prazer de trocar algumas palavras com ele, mas ele já estava doente e teve que sair do bar amparado por dois caras.

Eu já gostava de beber também. Era a tradição da música popular brasileira: uísque, chope, cerveja... Diziam que o Chico Buarque bebia à beça, o Tom Jobim também, o Vinícius de Moraes, então, nem se fale! Já que o Tropicalismo tinha acabado e eu estava na MPB, participando de shows e festivais, o negócio era seguir a tradição e encher a caveira.

Tomei meu primeiro porre quando ainda morava em Laranjeiras, numa festa em Botafogo na casa de uns colegas de uma escola particular do Cosme Velho, o São Vicente de Paulo, onde estudei por dois anos, depois do internato de Nova Friburgo; estavam servindo Cuba Libre, uma bebida com Coca-Cola e rum. Meus colegas riram muito quando me viram enchendo os bolsos de salgadinhos, e tiveram que me botar num táxi pra eu ir pra casa.

Nesse colégio, aliás, eu me destaquei de várias formas: falando de improviso em concursos de oratória, me dando bem nas redações escolares, escrevendo no jornalzinho da minha turma e... sendo suspenso! Fui suspenso durante alguns dias porque participei de uma guerra de borrachas na sala de aula. As borrachas eram os calços dos pés das mesas, e fui o único que teve coragem de se entregar quando o diretor quis saber quem tinha participado. Quase fui expulso!

Desde esse tempo não gosto de mentira; se eu errar, assumo o meu erro, cara! Eu sei o que faço, e nunca poderia ser político, os políticos fazem merda na cara de todo mundo, nunca assumem seus erros, não se corrigem, só fazem com que a merda aumente cada vez mais. Odeio políticos!

Mas eu tava falando dos festivais em cidades do interior. Esse negócio de interior, garotas e música, é uma coisa que me traz lembranças, e já que estou aqui contando tudo, vou contar a história de uma música que eu fiz (letra e música) pra uma garota do interior de Minas, ou melhor, pra duas. É, cara, a música era inspirada em duas garotas! Não fiquei com as duas ao mesmo tempo, mas as duas — que eram diferentes, mas no fundo eram iguais – se misturaram na minha inspiração e viraram uma só. Essa história até podia virar um filme...

A primeira vez que eu fiz sexo na vida — acho que era 1966, eu tinha quatorze anos — foi com uma putinha do interior de Minas, na região da Zona da Mata, na cidade onde meu pai nasceu. Essa putinha trabalhava na zona, quer dizer, num puteiro, que ficava à margem da Rodovia Rio-Bahia. O que deve ter de zona à beira dessa estrada não é normal, mas fui justamente naquela, e isso é uma coisa que não me sai da cabeça. Chegava-se lá por uma estradinha escura; logo se via a casa, iluminada por uma luz vermelha. Na frente, ficavam os carros estacionados.

Eu tinha ido com um primo, na caminhonete do pai dele. Na entrada da casa, a sala com mesas e cadeiras de bar também era escura, com luzes vermelhas, acho que porque a luz vermelha dá mais tesão. Uma cortina de plástico colorido separava o corredor que levava aos quartos. Me sentei com meu primo e pedi uma cerveja; fiquei só olhando as putas, e elas olhando de volta, algumas sentadas, outras em pé.

Meu primo logo escolheu uma mulherzinha, foi pro quarto, transou, voltou, pagou e já quis ir embora. E eu continuava lá sentado, bebendo cerveja, olhando tudo em volta, maravilhado com aquele cenário que não conhecia ainda. No rádio tocavam umas músicas românticas daqueles cantores antigos, Altemar Dutra, Nelson Gonçalves, Agnaldo Timóteo... Meu primo disse que ia embora, mas se eu quisesse ficar, a mulher que era dona da casa, e tinha recebido a gente na porta da zona, chamava um táxi pra mim.

Tudo bem. Meu primo se mandou e eu fiquei lá. Foi aí que vi chegar na frente da cortina de plástico uma mulherzinha que devia ser a mais nova de todas, pele morena, cabelos negros compridos, parecendo uma índia. Pensei logo: é com essa que eu vou! A chamei pra mesa, ela tomou um copo de cerveja comigo e disse que se chamava Luana. Fomos pro quarto, tiramos a roupa, e eu vi que o corpo dela era na medida certa, como eu gostava, nada de bundão, peitão... Ela devia ter uns dezessete anos, mas disse que tinha dezoito. Era sensacional!

Fizemos de tudo, mas tudo mesmo... Que se dane! Não fiquei doente por causa disso. Fiquei meio apaixonado, essa é a verdade. Também, pudera, a primeira vez, a gente nunca esquece. Ainda batemos um papo na cama, e eu disse:

— Quando puder, volto e levo você daqui!

Ela respondeu que muitos clientes falavam isso pra ela. Fui embora de táxi, diretamente pra casa dos meus avós, onde estava hospedado. Chegando, fui logo pro banheiro e completei a noite de prazer em clima de saudade, no "cinco contra um".

Um ano depois, na mesma cidade mineira, andando à tarde pelas ruas próximas à casa dos meus avós, passei por um grupinho de alguns caras e uma garota conversando na calçada, em frente a um bar que era muito famoso lá, onde à noite tinha música ao vivo. Quando passei, olhei pra garota e a garota olhou pra mim. Reparei que ela era morena, de cabelos negros lisos, vestida como uma cigana, cheia de pulseiras douradas lhe cobrindo os braços. Fiquei chapado! Mas não falei com ela, não.

À noite voltei ao bar, falei com uns caras e descobri que a garota que eu vira à tarde se chamava Nara, e era filha de um comerciante da cidade. Um dos caras me ofereceu umas pílulas pra eu tomar com cerveja, disse que era o maior barato, que a Nara gostava de tomar e de fumar "unzinho" também. Eu tava por fora disso tudo. Continuei só na cerveja.

No outro dia, à tarde, voltei a encontrar um dos caras e ele me disse que estava acontecendo uma festa na casa da Nara e ela tinha me convidado. Pensei, *não é possível!* É muita sorte pra mim, logo eu que vivo pensando nas mulheres, querendo o amor, mas me contentando com as canções de amor e com o sexo quase sempre solitário... É claro que eu vou.

A casa dela era perto da praça central — toda cidade do interior tem uma praça central. Fui a pé. Era uma casa de dois andares, mais rica do que a dos meus avós. Fui recebido pela irmã da Nara, que não era tão bonita e gostosa quanto ela, mas era bem legal. Me ofereceu bebida e salgadinhos e me deixou à vontade no sofá da sala, sozinho, ouvindo os rocks que saíam da vitrola:

— Mas, cadê o pessoal dessa festa? — perguntei.

Nessa hora, a Nara apareceu sozinha na sala. Me levantei, me apresentei, conversamos um pouco, e logo começou a tocar uma balada. Aí, de repente, a minha timidez voou pra longe, e eu pedi a ela pra dançar comigo. Ela aceitou. Dançamos agarrados, ela me agarrava mais do que eu a agarrava, tudo estava claro, era de tarde, só tinha nós dois dançando no centro da sala e a irmã dela nos olhando.

Os outros convidados estavam todos no quarto da Nara, ou sei lá onde. Pra mim isso era uma coisa meio estranha, mas não importa. Quando paramos de dançar, a noite já estava caindo. Nara disse que ia lá dentro um instante falar com um amigo. Fiquei na sala, batendo papo com a irmã dela; foi quando eu soube que a Nara era três anos mais velha do que eu.

Achei que já estava na hora de ir embora, eu tinha que pegar o jantar na casa da minha avó, e lá eles jantavam cedo. A irmã da Nara foi chamá-la pra gente se despedir. Ela veio — achei que estava um pouco diferente de quinze minutos antes —, e conversamos mais um pouquinho. Ela me contou que costumava viajar pro Rio todos os anos, e que ficava hospedada na casa de um parente na Tijuca. Nos despedimos e eu saí. Fiquei louco pela Nara, o jeito dela até parecia de uma artista, mas ela também tinha uma coisa estranha no olhar, não sei o quê.

Quando voltei pro Rio, tive a ideia de fazer uma música sobre o meu sonho romântico naquela cidadezinha do interior de Minas. Peguei o violão, e logo de cara escrevi: "na cidadezinha interiorana que um dia eu deixei pra trás...", e fui fazendo a canção, pensando na Nara. Mas quando vi, estava misturando a imagem da Nara, garota classe média, com a da Luana, putinha da zona com quem eu tinha transado pela primeira vez na vida. Parecia que a Luana queria entrar na música também! Até a casa da zona, com a luz vermelha, flores de plástico e tudo o mais começou a se fundir na minha cabeça com a casa da Nara. Gravei a ideia inicial e deixei a música de lado.

Um ano mais tarde eu soube que tinha havido um grave acidente na Rio-Bahia, justamente num trecho perto da cidade do meu pai. Um carro com quatro caras e uma garota tinha capotado. Dois caras morreram, os outros se machucaram, e a garota teve uma das pernas decepada.

O carro estava em alta velocidade, seus ocupantes tinham acabado de assaltar um banco. A garota que perdeu a perna era a Nara, e até hoje não sei se ela participou do assalto ou foi apenas refém dos bandidos, não sei se eram bandidos comuns ou algum grupo político radical que assaltava bancos, como acontecia naquela época. Poderiam ser também jovens doidões em busca de aventura, será que eram os caras que estavam na festa da Nara e não saíram do quarto nem por um minuto? Não sei. Só sei que foi isso que aconteceu com ela.

Outro ano se passou, e um dia eu estava em frente ao Café Palheta, na Praça Saens Peña, quando vi a Nara passando — mais gorda, de calça comprida, esquisita. Dava pra notar que ela andava com uma perna mecânica, reconheci de longe. Fiquei com pena dela. A Luana, eu soube através do meu primo, tinha saído daquela vida na zona e casado com um cliente — o único que conseguiu o que muitos queriam. Foi morar na Bahia.

Aí, me lembrei da música que tava lá no gravador, quase esquecida. Voltei a escutá-la, dei uma melhorada na letra, mexi na harmonia e gravei de novo do jeito que costumava fazer com as minhas músicas mais especiais: no banheiro de casa, local de ótima acústica (anos depois, eu soube que João Gilberto também gostava de ensaiar e gravar no banheiro)... dava ou não dava um belo filme? E a trilha, é claro, só poderia ser a música que eu fiz misturando dois amores impossíveis — "na cidadezinha interiorana que um dia eu deixei pra trás..." — e que chamei de "Lunara".

9. Escolhendo com o coração

Depois que o Darci e eu fomos demitidos da Rádio MEC, dei um fim à minha carreira de radialista, mas continuei ligado em comunicação. O curso de Comunicação Social era uma coisa nova, que estava atraindo quem gostava de artes, música, jornalismo e publicidade, essas coisas que os mais velhos não entendiam e diziam que era coisa de maluco, porque o que tinha valor mesmo era ser médico, engenheiro ou advogado. A área de Comunicação era coisa de quem não sabia o que ia fazer na vida.

Nunca fui muito de estudar, mas gostava de escrever, compor, ir ao teatro e ao cinema. Realmente não sabia muito bem o que eu queria, ou melhor, como iria juntar tudo o que eu queria numa coisa só. Então, fiz vestibular e passei pra uma faculdade de Comunicação que estava começando, no Rio Comprido. Depois de um ano, o Darci, sempre ligado, me disse que estava chegando ao Rio, à Praia de Botafogo, uma escola de São Paulo que era o máximo, a Escola Superior de Propaganda e Marketing, muito melhor do que a faculdade onde eu estava. Segui o conselho dele e fiz outro vestibular para a ESPM. Passei. Abandonei a faculdade no Rio Comprido.

Nesse meio tempo, em 1974, fui aprovado também no vestibular pra uma outra faculdade, o Instituto Villa-Lobos, na Praia do Flamengo, que até pouco tempo antes era a escola de música mais avançada do Brasil, um laboratório de experimentações não apenas sonoras, mas existenciais.

Fiquei fazendo duas faculdades: a de Propaganda, na Praia de Botafogo, e a de Música, no Flamengo. Um ano depois, por indicação do escritor Antonio Torres, que ainda era publicitário no Rio, consegui chegar à agência multinacional J. Walter Thompson, na Avenida Presidente Vargas, onde fiz um teste e fui aprovado para fazer estágio como redator.

Nesse ponto aconteceu um problema. Eu estava fazendo coisas demais, estágio, publicidade, música... Parei de compor. De manhã eu ia pra agência; de noite, dependendo do dia da semana, ia pro Flamengo ou pra Botafogo. E morava na Tijuca. Chegou uma hora em que não dava mais.

Quando eu estava na Thompson ouvia falar de muito dinheiro, altas verbas publicitárias, o que era estranho pra mim... De repente, redigindo um texto, os meus pensamentos se perdiam, eu saía daquele mundo materialista e viajava numa foto dos Secos e Molhados na parede da sala da redação. A banda S & M, onde estreara o Ney Matogrosso, já tinha acabado, mas eu continuava gostando dela; os caras eram bem diferentes dos Mutantes, mas também tinham aquela coisa teatral e, pra mim, a canção, além de ser música e letra, era teatro. Percebi que a música popular era muito mais importante pra mim do que tudo o mais, apesar de não ser uma certeza em matéria de grana e o músico uma pessoa mal vista na sociedade.

Não foi uma escolha fácil, até porque eu escrevia bem e gostava do ambiente de criação publicitária. Aprendi muito com a ESPM, mas pedi pra sair; abandonei o estágio na Thompson e fiquei só com a música, sem saber se estava agindo certo ou errado. Na vida, a gente sempre acaba fazendo a coisa errada; por isso, devemos optar pela menos errada de todas — a que está mais no fundo do nosso coração. Como dizia Osho, o filósofo indiano: "Opte pelo que faz o seu coração vibrar. Opte pelo que gostaria de fazer, apesar de todas as consequências." Os melhores publicitários, certamente, deverão concordar.

A escola de música era outro mundo. Ninguém falava em dinheiro, todo mundo numa boa, um modo *hippie* de ser e de viver. No entanto, o tempo de vanguardismo tinha passado, e o diretor passou a ser... um general! Isso mesmo! O General Jaime Graça, naquela altura da vida, já devia estar em casa de pijama, mas outro general da ditadura chegou pra ele e disse:

— Você vai dirigir uma escola de música na Praia do Flamengo, o Instituto Villa-Lobos. Tem muita gente suspeita por lá. Não deixe que aquilo se transforme num antro de subversivos!

Era estranho o que acontecia na escola. No horário das aulas, o general ficava no corredor pra lá e pra cá, doido pra dar um flagrante num aluno ou professor que por acaso estivesse falando mal do governo. Ele abria a porta de alguma sala, só um pouco, o suficiente pra ficar espionando a turma por alguns minutos, e quando ele ia embora a gente morria de rir, achando que aquilo era coisa de velho gagá. Às vezes ele dava um flagrante na gente, aparecia de novo, só pra sacanear...

A escola ficava no primeiro andar de um prédio que tinha sido sede da União Nacional dos Estudantes, a velha UNE. No segundo andar ficava a Escola de Teatro, com sua sala de espetáculos grande e sinistra chamada "Palcão". As paredes do "Palcão" eram todas escurecidas por causa de um incêndio criminoso que a UNE sofreu em 1964, no início do regime militar; foram preservadas assim mesmo, uma marca da violência da ditadura que, na verdade, não era só militar, era também civil.

Eu era da música, mas, sinceramente, gostava mais do astral da escola de teatro, onde os alunos eram diferentes e as garotas mais loucas. Gostava também do boteco ao lado da escola, o Bar Cabanas. Na verdade, eu fazia três escolas ao mesmo tempo: a de música (onde eu ia me formar), a de teatro (onde eu ia paquerar), e a do Cabanas (onde eu ia beber e decidir onde iria depois, pra continuar bebendo e conversando noite adentro).

Foram quatro anos muito legais, cara! Fui um bom aluno de música, namorei algumas garotas, me tornei um jovem boêmio dos bares do Flamengo e de Copacabana... Mas o mais importante é que fiquei motivado a fazer meus próprios shows. Isso é que era o meu lance, cara!

10. A garota de Copacabana na noite de sexo na Lapa

Num bar de Copacabana, na Avenida Atlântica, por volta de 1975, conheci aquela garota louca, uma lourinha um pouco gordinha, bem mais nova do que eu (tinha menos de dezoito anos), que gostava muito de beber, beijar e outras coisas. Não vou dizer o nome dela, vou dizer que ela era a M. — não sei por que, sempre dei sorte com garotas que tinham nome começando com a letra M.

Eu tinha ido lá para me encontrar com um amigo, que estava com a namorada e com M.; me sentei ao lado dela numa daquelas mesas do calçadão. Ela bebia mais do que eu, e no meio da conversa nos beijamos loucamente, assim, no impulso, aquele beijo que vai fundo e demora a desgrudar, língua na língua, saca? Meu amigo ficou até meio chocado com aquilo; era um caretão, metido a intelectual, um pouco mais velho do que eu.

A gente se beijou mais umas quatro vezes antes de decidir encerrar a noite. Fui levar M. em casa, no Lido, na outra ponta de Copacabana — o bar era no posto 5 ou 6. Apesar da distância, fomos a pé, mesmo, conversando e parando de vez em quando para mais um beijo desentupidor de pia. Acho que quando chegamos ao prédio de M. já tínhamos dado uns vinte beijos ou mais.

Subi com ela e a deixei na porta de casa, onde ela morava com a família, e fui embora pra Tijuca de ônibus. No outro dia, M. me ligou. Queria se encontrar comigo de novo de qualquer jeito, mas eu disse que não podia, só no sábado. Era quinta-feira, não ia demorar tanto assim. Até chegar o sábado, nos falamos mais umas três vezes pelo telefone. Meus pais já estavam achando estranha aquela coisa, era muito telefonema, e eu levava o telefone pra dentro do meu quarto — um telefone com fio comprido todo enrolado que ia desenrolando e esticando até não poder mais — pra ninguém ouvir a nossa conversa.

Até que chegou o sábado e fui pra casa de M. Chegando lá, vi que ela tinha bebido e fumado alguma coisa, mas, tudo bem. Saí com ela pra beber, e assim ficamos. Saímos mais umas três vezes para os bares de Copa e Leblon.

Noutra noite era aniversário de M., ficamos na casa dela com os convidados, eu toquei violão e o pessoal gostou das minhas músicas. Lá pelas tantas, ela resolveu me chamar pra fugirmos da festa, irmos pra outro lugar. Ela estava a fim de respirar, se livrar um pouco daquelas pessoas, e me levou pra Praia de Copacabana, pra areia, pra perto do mar, no trecho em frente à rua em que ela morava. Confesso que fiquei meio com medo, mas ela me disse que não tinha problema, e não teve mesmo.

Fiquei sentado na areia e ela deitou a cabeça no meu colo. Conversamos um pouco, quase nada, nos beijamos, e ela me disse que ia fazer algo diferente, que eu nunca mais ia esquecer. Virou a cabeça, abriu meu zíper, e... Não preciso dizer mais nada, cara. Sou tímido. M. foi fundo mesmo, e o céu foi testemunha. Não sei nem se eu voltei pra casa dela... Não, não voltei não. Fui pra casa, eu ia fazer mais o quê naquela noite? Ela voltou pra festa e pros amigos dela.

Um dia cheguei à casa de M. pra gente sair, mais uma vez, pra beber num barzinho maneiro, de preferência, no Baixo Leblon, que eu conhecia bem e onde tinha ido várias vezes sozinho ou com meu amigo Beto — que, por coincidência, morava também em Copacabana, na mesma rua de M., mas os dois nunca se conheceram. Tive que esperar um pouco, ela ainda estava se arrumando. Quando apareceu, notei que estava meio alterada, tinha, é claro, tomado umas bolinhas. Pegamos o elevador, descemos, e ao chegar à rua, ela me disse que não íamos a nenhum daqueles lugares que a gente costumava ir, ela já tava de saco cheio deles. Perguntei, então, aonde ela queria ir, mas M. não respondeu. Pegamos um táxi e ela ordenou ao motorista:

— Vamos pra Lapa.

— Pra onde?? — me assustei. Nunca tinha ido à Lapa; só conhecia os famosos Arcos porque, às vezes, passava por lá de ônibus. M. me explicou que a rapaziada da Zona Sul estava indo beber vinho numa adega portuguesa perto da Sala Cecília Meireles, era o programa da moda.

O táxi parou no Largo da Lapa e entramos a pé na Rua Teotônio Regadas, ao lado da Cecília Meireles. No final da rua, tinha um bando de gente em frente à adega, bebendo em pé, tal como a gente fazia no Baixo Leblon. Pedi um chope e M. pediu pra eu esperar um pouquinho que ela ia até ali falar com um conhecido; entrou pelo meio do pessoal e sumiu. Pensei, *agora é que me dei mal! Essa maluca vai me deixar aqui esperando...*

Mas ela voltou, e disse que a gente não ia ficar ali na rua, não. Íamos pra um hotelzinho ali do lado... Como sou meio preocupado — eu já disse isso antes —, quis saber como é que eu ia com ela pra um hotel, se ela era "de menor". Ela respondeu que não tinha problema, ela sempre dizia isso, o cara do hotel nem pedia carteira de identidade, era só pagar e pronto. Realmente, andamos até o Hotel Americano, que ficava bem perto da adega, fomos ao balcão da portaria, paguei adiantado e o cara não perguntou nada. Deu a chave de um quarto no terceiro andar, subimos a escadaria, abrimos a porta e entramos no quartinho, bem simples. Acendi a luz e nos beijamos.

Depois daquele beijo, rolou de tudo que você pode imaginar, cara. Mas a primeira coisa que ela fez foi me mostrar a calcinha, que tinha estampada a figura de uma antiga personagem sexy de desenho animado, a Betty Boop. Eu disse que tinha rolado de tudo, mas como não gosto de mentira, tenho que dizer que não rolou de tudo, não. Foi quase tudo...Teve uma coisa que ela disse que não ia fazer, porque doía. Não insisti. Eu tava firme como uma rocha, apesar de ter tomado uns três conhaques e quatro chopes antes de chegarmos ao hotel. Gozamos juntos!

Ainda ficamos mais um pouco, descansando, quase dormimos, mas ela disse que tínhamos que ir embora. Vestimos nossas roupas e saímos. Já não havia quase ninguém em frente à adega. Me ofereci para levá-la em casa, mas ela não quis — sem problemas, como sempre —, disse que ia pegar um táxi e voltar pra Copacabana. Já que eu ia pra Tijuca, ia ficar difícil pra mim sair da Lapa pra Copacabana e depois pra Tijuca, mas eu já tinha feito umas coisas malucas assim...

Uma vez fui a uma boate em Copacabana, na Princesa Isabel — teve um tempo que eu ia muito a essas boates —, fiquei louco por uma mulherzinha, mas estava sem dinheiro pra ir ao hotel com ela. Então eu disse pra ela me esperar, peguei um táxi em frente à boate, fui à Tijuca, peguei o dinheiro na minha gaveta, voltei no mesmo táxi pra Copacabana e fui pro hotel com a putinha. Só voltei pra casa de manhã.

Com M. era diferente, era uma outra loucura. Acho que ela queria ficar mesmo comigo. Era mais nova do que eu, mas as mulheres são mais espertas, amadurecem mais cedo, como dizem os mais velhos... Se ficar maduro se resume em casar e ter filho, acho que não vou amadurecer tão cedo... Deixa isso pra lá! Parei de ir à casa de M. Quando ela me ligava, às vezes, o meu pai atendia o telefone e me dizia, desconfiado como todo bom mineiro:

— Eu não gosto da voz dessa garota...

É que ela me ligava sempre meio doidona, com a voz arrastada. Uma figura! Nunca quis mal a ela, pelo contrário, até gostava, ela era bonitinha e superlegal comigo. Só achava que ela era muito nova pra se acabar daquele jeito, e só fui encontrá-la de novo numa tarde em que eu estava indo ensaiar um show na CEU, a Casa do Estudante Universitário, um casarão velho enorme entre Botafogo e Flamengo. Aí, ela passou dos limites, queria só beber conhaque, e eu tendo que ensaiar. Não nos vimos mais. Nos encontramos uns tempos depois, num de meus shows com uma banda de rock, por coincidência num teatro bem perto da casa dela. Mas aí já é outra história.

11. ALDIR BLANC É DEMAIS, E O DARCI NÃO FICA ATRÁS

Meu primeiro grande show foi... adivinha onde? Em Copacabana. Você vai pensar que eu não saía desse bairro tão famoso no mundo todo, e isso tem um pouco de verdade. Copacabana era um lugar incrível, com muitos bares legais, boates de putaria e teatros que apresentavam shows musicais. E muitos apartamentos também, alguns bem pequenos, quitinetes onde as pessoas faziam festinhas de violão regadas a uísque London Tower. As festas eram chamadas "reuniões", pra ficar uma coisa mais engajada. Fui a trezentas delas, tocava as minhas próprias músicas e as pessoas gostavam de ouvir coisas inéditas.

Uma vez, um cara gordo e grande, depois de beber todas, dormiu atravessado no meio da pequena sala. Quem quisesse passar de um lado pro outro tinha que pular por cima dele, o que não era fácil: era o ator e cantor Ângelo Antonio, que fez sucesso com a Turma da Pesada, banda produzida pelo figuraça Carlos Imperial, descobridor de muita gente boa. As colegas de Ângelo no vocal da banda eram duas gêmeas, Célia e Celma, moradoras do apê da Rua Silva Castro onde sempre tinha uma reunião de violão.

Não posso esquecer de falar também de uma grande amiga, a Linda, que sempre me chamava pra reuniões desse tipo em

Copa. A Linda cantava muito bem, tinha uma voz grave, arrasava no jazz e na bossa-nova, era super alegre e gostava de um goró. Mas o que a fazia mais do que especial não era só isso: ela morava bem longe de Copa, em Olaria, na Zona Norte do Rio de Janeiro, e ia pra Zona Sul numa boa, apesar da deficiência nas duas pernas por causa da poliomielite e de andar com muletas. Linda era demais, cara!

Fiz parte do coro num musical que ficou em cartaz apenas um mês, no Teatro Tereza Raquel. Era uma história lírica e louca sobre cogumelos alucinógenos, que não fez nenhum sucesso. Mas foi meu primeiro trabalho profissional, com cachê e tudo — que a produtora pagou, apesar do fracasso.

O Tereza Raquel e o Opinião, ambos num shopping da Rua Siqueira Campos, eram teatros muito famosos no Rio, por causa dos musicais e de shows de gente nova ao lado de gente conhecida da MPB. As coisas iam acontecendo de um jeito natural, eu era convidado pra cantar numa peça de teatro, tocar num show coletivo, participar de um grupo novo ou de um festival, me apresentar num colégio, numa faculdade... Até em hospital eu cantei uma vez, pros pacientes do Gaffré e Guinle, na Tijuca. Eu ia conhecendo músicos da noite, cantores, compositores, poetas, letristas, um monte de gente da pesada que circulava por Copacabana e pelo Leblon.

Copacabana era mais misteriosa, um caldeirão de gente estranha de tudo que era jeito, e isso sempre me fascinou. O Baixo Leblon era uma coisa nova, onde gente conhecida, como Sidney Miller — que, pouco tempo depois, se suicidaria — e Sérgio Sampaio se sentava na mesa com desconhecidos como eu. Aliás, eu estava com o Sérgio numa mesa do Bar Diagonal quando ele deu a notícia do suicídio de Sidney da forma mais teatral possível — como era típico dele — enfiando os dedos indicador e médio da mão direita na própria boca, como se fosse o cano de um revólver e deixando a cabeça cair pra trás. Chocante!

Minha família nunca teve a menor ideia do que eu fazia; pensavam que pra ser músico era só entrar numa escola de música e pegar um diploma no final, e era o que queriam pra mim.

E também, mas não queria só isso, claro. Eu queria muito mais, queria conhecer uma outra vida, diferente daquela que os meus pais traçaram pra mim e pros meus irmãos. Queria crescer, ser artista! E não se aprende a ser artista na escola.

Artista tem que conhecer de tudo na vida, alargar seus horizontes, sua criatividade... e batalhar muito, bater cabeça, se foder, tentar outra vez. "Um artista é uma pessoa que tem coragem de mergulhar no abismo de si mesmo", como disse o mestre Zé Rodrix.

Enquanto eu participava do coro no Teatro Tereza Raquel soube que ia ser realizado um novo projeto musical no Opinião, o chamado "Mostragem", onde um compositor ou cantor conhecido mostraria ao público um artista novo. Seria às sextas e sábados à meia-noite, e ia estrear dali a poucos meses. Fui logo falar com os produtores, mas a condição para participar era ter o "mostrador", um artista já conhecido. Enfim, eu precisava de um padrinho, e quem seria o cara?

Alguém me disse pra procurar o Luis Melodia e eu fui à casa dele, na Rua Mundo Novo, em Botafogo, mas além de recusar o meu convite, o que era um direito seu, ele sugeriu na cara de pau pra fazer o show comigo um sujeito doidão que estava de bobeira por lá, um tal de Damião Experiênça (é isso mesmo), cuja "experiênça" era tocar um violão de uma corda só enquanto "cantava" sons ininteligíveis — já era malandragem demais pro meu gosto. Tô fora, Melô!

O tempo estava passando e eu precisava dar uma resposta aos produtores. Enquanto isso, ia conversando com alguns músicos conhecidos meus no sentido de formar uma banda pra me acompanhar. Isso foi fácil, porque na escola da Praia do Flamengo eu era amigo de um monte de músicos novos. Alguns toparam, outros não podiam, mas indicaram outros caras, e formei uma pequena banda com gente da escola e de fora dela. Comecei a ensaiar no auditório da escola mesmo, mas ainda estava faltando o meu "padrinho" artístico.

Aí entrou outra vez em cena o Darci. Meu velho amigo achou estranho eu ter ido falar com o Melodia, que era muito bom, mas não tinha nada a ver artisticamente comigo e com as músicas que eu fazia.

— Por que você não procura o Aldir? — me disse o Darci.

Pois é, ele mesmo, o cara do Teatro Azul e do MAU, por que eu não tinha pensado nisso antes? Na verdade, eu não estava a fim de incomodar o Aldir de novo, ainda mais agora que ele estava fazendo o maior sucesso com seu parceiro, um tal João Bosco. Mas o Darci falou que isso não tinha nada a ver, me mandou ligar pro Aldir e combinar de ir lá na casa dele e ficou de ir comigo pra dar uma força.

Na conversa com o Aldir ele me pediu que eu lembrasse as músicas que tinha tocado no Teatro Azul, há sete anos. Sem violão, fui cantarolando uma por uma, e quando cheguei em "Hora H" ele pediu que eu repetisse a letra, e escreveu os versos iniciais num papel. Depois mandou que eu passasse no outro dia pra pegar um texto que ele ia escrever pra mim e também prometeu que ia falar com o João Bosco pra combinar sua participação especial na minha "Mostragem". Era muito mais do que eu imaginava, cara!

No dia seguinte voltei à casa do Aldir na Avenida Maracanã, peguei um papel escrito à máquina e assinado por ele e fiquei sabendo que eu deveria ir no dia tal às tantas horas falar com o João Bosco. O Darci iria comigo na casa do João também, porque eu, tímido como sempre, poderia deixar de dizer alguma coisa ou, o que é pior, falar qualquer coisa que não tivesse a ver e o João não gostar, desistir de fazer o show. Quer dizer, o Darci se colocou no papel de meu produtor, um cara necessário pros artistas que, em geral, são meio idiotas nessa coisa de levar o papo correto pra negociar um show.

No dia marcado, eu e Darci fomos à casa do João Bosco e a mulher dele nos recebeu com a maior simpatia, disse que ele tinha acordado naquela hora — eram duas da tarde — e estava acabando de tomar banho. Quando ele veio falar com a gente estava enrolado numa toalha, enxugando os cabelos, muito à vontade:

— Oi, gente, tudo bem? E aí?

Bem, aí combinamos tudo pra "Mostragem" e saímos do apê do João, numa rua do Jardim Botânico, na maior felicidade. Mas você vai me perguntar: "O que foi que o Aldir escreveu? Escreveu pra quê?"

Ô, cara: o Aldir escreveu um texto para o programa do show — duas folhas impressas num velho mimeógrafo pra serem entregues ao público na entrada do teatro. No programa estavam os nomes das músicas que iam ser tocadas, os nomes dos músicos e colaboradores e o texto do Aldir, onde ele dava sua garantia de que eu era um cara que merecia ser ouvido com atenção. Aldir começava dizendo que tinha me conhecido no Teatro Azul, e que quando eu cantei minhas músicas "as pessoas se entreolharam daquele jeito que diz: qualidade!" No final, dizia que "acabaram com o Teatro Azul, mas as coisas azuis sobrevivem, como sobreviveu a música do Paulo Cesar, como sobreviveram e sobreviverão outros, dizendo palavras que tem a ver comigo, contigo, com todos nós" — justamente o início da letra de "Hora H" que ele tinha anotado na minha visita —, significando que devemos acreditar na vida, na liberdade e na solidariedade, vencendo os momentos barra-pesada como aquele que vivíamos no Brasil.

Os músicos seriam quatro: Kakiko nos teclados, Márcio Alt no baixo, Luis Cláudio na bateria e Tunica na flauta — todos, menos o Kakiko, meus colegas do Villa-Lobos; e eu, na voz e violão. Eu ia apresentar treze músicas, incluindo "Glória ao rei dos confins do além", e João Bosco ia cantar meia dúzia de sucessos, quase todos gravados por Elis Regina.

Depois de ler oitocentas e cinquenta vezes as palavras que Aldir Blanc escreveu pra mim, só me restava encerrar a semana de fortes emoções num bar na Rua dos Artistas, onde fui papear com meu amigo Darci — que morava ali perto, na Maxwell — e declarar, comovido, no fim da noite:

— O Aldir é demais: ex-psiquiatra maluco, ex-vampiro, ex-subversivo, o carioca tijucano, salgueirense e beberrão da melhor qualidade humana e artística que eu poderia ter a honra de ver fazendo o cobiçado papel de anjo (torto) das minhas modestas pretensões musicais. Falei. Tenho dito. É isso aí!

Darci, que não era um grande bebedor — nem de água! —, e além de amigo e produtor informal ocupava o cargo de meu anjo titular, desde sempre, concordou em gênero, número e grau... alcoólico, claro.

12. Primeiro show, viagem
e os hômi no porão

Chegou a noite do show, o primeiro grande show da minha vida! Só eu e minha banda, com as participações luxuosas de João Bosco e seu violão, e Aldir Blanc arrasando no texto de apresentação, não é pra qualquer um, não. Eu já tinha cantado minhas músicas em público mais de cem vezes, num monte de lugares diferentes, desde aquele festival estudantil de 1968. Os Mutantes tinham marcado a minha estreia como compositor, mas agora eu estava estreando de verdade, também como cantor. Eu estava começando a ser artista, cara!

Quando cheguei ao Opinião, lá pelas dez e meia, encontrei uma amiga da escola de teatro que se ofereceu pra distribuir os programas. A banda foi chegando, uma garrafa de conhaque apareceu... A flautista Tunica foi entrando em pânico! Era a primeira vez que ela tocava em público, só tinha tocado antes em casa e na escola. Ficamos até com medo de ela surtar, o que seria um absurdo, mas ela segurou a onda, limitou-se a ir ao banheiro umas dez vezes. De repente, vi o João Bosco sentado num banco, nos bastidores, já na reta pra entrar no palco. Ofereci um conhaque, mas ele me disse, muito sério, ao contrário do dia em que estive na sua casa:

— Eu não preciso disso.

Aí, eu falei pra ele que também não precisava, mas gostava. Aliás, essa é uma coisa que acontece comigo, sempre sinto que faço as coisas porque gosto, não porque preciso. Se eu precisasse de álcool, seria alcoólatra, o que não era o caso, eu era apenas um beberrão porra-louca. Eu tinha vontade era de precisar mais da música, queria viver dela, e por isso estava ali, pra conhecer melhor a minha verdadeira necessidade de fazer aquilo.

Tinha muita gente na calçada em frente à entrada do teatro, devia ser nosso público, né? Já era quase meia-noite. Eu tinha chamado um fotógrafo da escola e o cara chegou, chegou também o Darci — meu amigo de fé e produtor camarada —, chegaram alguns convidados, as namoradas dos músicos, os amigos dos amigos... E, finalmente, o público pagante que tinha visto a divulgação nos jornais e nas filipetas distribuídas em Copacabana. Tinha bastante gente, e todo mundo foi se ajeitando na plateia em forma de arena do velho Opinião.

Cara, eu tenho o maior orgulho de ter feito essa minha estreia profissional naquele teatro histórico de Copacabana, do Rio e do Brasil, onde tanta gente boa se apresentou. Aliás, apesar de estar começando, eu tava bem servido em matéria de teatros: João Caetano, Tereza Raquel, Opinião... Mas não dava pra ficar pensando muito nisso, o show já tinha começado, o João Bosco já tava no palco tocando aquele samba dele com o Aldir, sucesso na voz da Elis, que começa assim: "Há muito tempo nas águas da Guanabara, o dragão do mar reapareceu..."

Foram mais cinco músicas com João e seu violão, e os aplausos mais do que merecidos. Dos bastidores, ouvi João Bosco anunciar meu nome. Entrei no palco. Os músicos entraram também. Aplausos. Puta merda! Eu estava entrando pra tocar depois do João Bosco, porra! Mas, pelo menos, eu tinha a banda pra me dar uma força...

Comecei, "quero dizer palavras que tenham a ver comigo, contigo, com todos nós...", a primeira música era justamente "Hora H", a que o Aldir tinha citado no programa. Acho que muita gente deve ter lido, porque o público aplaudiu assim que comecei a cantar, e fui em frente. Onde tinha ido parar minha timidez idiota?

Fui seguindo o repertório na ordem programada, o público acompanhando com o programa na mão. Chegou a vez de "Estória de um Zé", que antes se chamava "Zé do Mato", mas a censura não liberou. Foi a minha primeira e única música proibida, que consegui liberar seguindo um conselho do Aldir. Reapresentei a música com outro título, como ele já tinha feito com "O mestre-sala dos mares" — música dele e do João Bosco, a primeira que o João tocou no show —, que no início se chamava "O almirante negro": a censura era burra, nem ia notar. E deu certo, claro.

Depois cantei "Diariamente", aquela que a Alaíde Costa tinha gravado; mais outra, só instrumental, e aí... "Glória ao rei dos confins do além"! Essa eu toquei sozinho no violão, porque a banda preferiu não me acompanhar, pra evitar comparações com Os Mutantes... Apresentei do jeito que eu tinha feito, completamente diferente da versão dos Mutantes, mas é claro que falei pro público que Os Mutantes tinham gravado a música do jeito psicodélico deles.

Toquei mais algumas, inclusive a preferida do Darci, "Simplesmente eu", conhecida como "O som da viola". Foi tudo bem. Aplausos finais.

Finalmente relaxamos, eu e a banda. Algumas pessoas vieram nos cumprimentar, e é claro que ainda batemos papo com uns e outros e coisa e tal. O show tinha começado depois da meia-noite e já era uma e tanto da manhã! Fomos descansar, que no dia seguinte tinha mais.

Sábado à noite, o tecladista Kakiko me convidou pra ir, depois do show, pro sítio do pai dele em Guapimirim, uma cidadezinha no Estado do Rio, a pouco mais de 80 km da capital, e eu aceitei. Era o segundo dia da minha "Mostragem"; o público entrou no teatro e tinha mais gente do que na véspera. João Bosco chegou e já estava pronto pra tocar, sem conhaque (o malandro devia ter tomado uns uísques em casa, lógico), a banda toda nos bastidores, a Tunica bem mais calma e já profissional, caprichando no som da sua flauta mágica.

Conheci o Kakiko através do Murilo, colega meu e do Darci quando estávamos na escola de propaganda. O Murilo tocava

PAULO GIRÃO

sax e flauta com o Kakiko que fora da música era dentista, o segundo músico-dentista que eu conheci na vida.

Engraçado... Mesmo na escola de propaganda, eu era puxado pra música popular, não tinha jeito. Parecia que o universo todo tinha conspirado pra me levar direto pra música popular, e mesmo quando eu conhecia pessoas de outras profissões elas também faziam música em seus momentos de lazer. Tudo isso fez com que eu me sentisse com forças pra ir em frente, e fui mesmo, passando por cima das minhas limitações e da minha timidez idiota, mesmo porque eu tinha uma coisa que era — sempre é — mais importante que tudo: os amigos.

Depois do show, saímos de Copacabana no carro do Kakiko rumo a Guapimirim, acompanhados do Murilo, que estava no carro dele com a namorada e mais uma garota. Chegando lá, fomos direto pra casa onde o Kakiko costumava ficar, uma casa pequena um pouco distante da casa maior, onde o pai dele ficava, quer dizer, seríamos seis pessoas, na verdade três casais. Eu e a garota que o Murilo levou não nos conhecíamos ainda, mas o conhaque existe pra esquentar e encurtar a distância entre as pessoas, e foi isso que aconteceu. Estava frio no Rio, aquele frio carioca, meio fraquinho; lá em cima — Guapimirim fica na serra, no caminho para Teresópolis — era muito mais frio, e tome conhaque...

Havia uma lareira na sala, mas não tínhamos material suficiente pra fazer um bom fogo, quer dizer, o foguinho ficou meio baixo. Kakiko, Murilo e suas namoradas resolveram, então, acender outra coisa mais inspiradora, baseados no princípio de que se pode fazer quase tudo... eu praticamente fiquei só nas bebidas alcoólicas. É claro que já tinha fumado antes, e percebi uma alteração na minha sensibilidade, como se estivesse curtindo muito mais o violão, a voz... Mas nas outras coisas que eu fazia, me sentia meio perdido, meio pirado. Nesse ponto a bebida é melhor, porque ajuda a superar o medo. O problema é saber o ponto certo de parar.

Naquela madrugada, depois de uns vinte conhaques, eu não estava a fim de conquistar ninguém, mas, mesmo assim, fui me chegando pra garota solitária, de um jeito meio desastrado que acabou não dando em nada. Comemos alguns queijos, um bolo de milho e fomos dormir antes do dia nascer completamente. O café da manhã foi na casa do pai do Kakiko, aonde se chegava por uma estradinha. Depois, passeamos pelo sítio, fomos até um riozinho, vimos a cachoeira e voltamos pra casa do pai do Kakiko pra almoçar. Ainda dava pra descansar um pouco na casa menor, até a hora de voltar pro Rio.

Antes de pegar a estrada, bebemos alguma coisa pra esquentar. Kakiko não bebeu porque ia dirigir, mas no meio do caminho o carro de um louco irresponsável cortou o nosso; Kakiko perdeu a direção... e capotamos. Capotamos, cara! Caímos num pequeno barranco na beira da estrada. Ninguém se feriu gravemente, foram só algumas escoriações, mas o susto foi grande.

Ficamos esperando pela polícia rodoviária. Não havia telefone, o jeito era mesmo esperar, fazer sinal pra ver se algum carro parava... Até que chegou uma ambulância, que algum motorista deve ter chamado, pra cuidar da gente. Umas pessoas da região vieram nos ajudar também, e conseguimos desvirar o carro pra seguir em frente até um posto de gasolina. Depois, seguimos pro Rio.

Assim foi o fim de semana, ao mesmo tempo bacana e acidentado, da minha estreia num dos mais importantes teatros cariocas dos anos 1960 e 70, um polo de resistência à ditadura. Algum tempo depois, ainda em 1975, eu voltaria ao Opinião, mas não pro palco principal. Fui chamado pra tocar no porão, um espaço bem pequeno onde cabiam, no máximo, quarenta pessoas. Tinha sido aberto pra shows alternativos e perigosos, porque eram dedicados às pessoas "desaparecidas" (ou seja, mortas) nos "porões da ditadura". Havia, além disso, o fato de que o Opinião já tinha sofrido um atentado à bomba, atirada em 1969 pelo Comando de Caça aos Comunistas. Era barra-pesada, cara!

A qualquer momento, a polícia poderia chegar e nos prender. Um olheiro ficava de plantão na porta pra avisar de qualquer movimento estranho do lado de fora. Uma noite, fomos avisados de que uma caminhonete preta tinha passado várias vezes pela rua; devia ser do DOPS (Departamento de Ordem Política e Social) ou sei lá de onde. Eu estava tocando "Hora H". Interrompi a música e dei a notícia ao público, pedindo que todos saíssem, sem tumulto, por uma escadinha; de lá, era só sair pro corredor do shopping e se mandar!

O público era de apenas umas trinta pessoas, e quase todos saíram sem problemas. Peguei meu violão pra sair também, mas não deu tempo. Os *hômi* entraram no teatro e começaram a fazer perguntas pra mim e mais umas três pessoas que ainda estavam lá. Falei singelamente que era apenas um show de música... Me pediram a carteira de identidade e a minha carteirinha de artista — um "Cartão de Registro de Artista" expedido pela Policia Federal que a gente era obrigado a ter. Mostrei os documentos e falei que todas as minhas músicas eram liberadas, eu andava com uma pasta onde levava as letras com o carimbo de liberação da censura.

Mas isso não bastou, a gente tinha também que ter pedido a liberação do show propriamente dito, com a lista de músicas, músicos participantes etc. Ninguém tinha feito isso porque era um show clandestino. Conclusão: tivemos que ir à Polícia prestar depoimento, de camburão. Depois desse dia, nunca mais fiz show no Opinião, muito menos no porão, que fechou definitivamente.

13. DE SANTA TERESA À BRUXA DE COPA, VIA ATERRO

O tempo passou um pouquinho. E aí começou a minha temporada de glórias nessa vida, cara! Eu não era rei, nunca fui rei de coisa nenhuma, era só o menino que dizia que o rei estava nu — ao contrário dos falsos, hipócritas e puxa-sacos —, mas me sentia glorioso no meu reino interior. Comecei a ser chamado pra tudo quanto é grupo de novos compositores, inclusive um do qual participava o compositor Geraldo Azevedo, uma fera vinda de Pernambuco.

Nessa época, aliás, o Geraldinho ficou preso no DOI-CO-DI. Me lembro bem de quando o encontrei numa casa em Santa Tereza — onde eu costumava me reunir com outras pessoas, novos compositores e cantores — assim que ele foi solto. Ele não desgrudava do violão, e disse que tinha passado todo o tempo na prisão assim, com o violão grudado no peito, compondo sem parar. Foi o que o salvou da loucura!

Se tem um lugar no Rio que eu passei a frequentar muito, esse lugar foi Santa Teresa. Era muito legal pegar o bondinho e subir o morro, encontrar os artistas mais malucos da cidade, ver e participar de shows — foi lá que eu toquei pela primeira vez um violão elétrico Ovation, que tava na moda —, beber umas e outras e conhecer garotas maneiras. Acabei namorando uma, e ficava com ela na casa de um amigo que morava na Joaquim Murtinho. Era legal, de manhã, ouvir o bonde subindo a ladeira, sair pra comprar pão e uma garrafa de batida de limão...

Em Santa Teresa conheci alguns caras que faziam teatro, sem grandes produções, só querendo refletir sobre a realidade brasileira. Teve uma vez que o meu nome saiu em duas notas na mesma coluna de teatro do *Jornal do Brasil*: eu tinha feito as músicas de uma peça que estava em cartaz na Aliança Francesa de Copacabana, e, ao mesmo tempo, trabalhava ao vivo numa outra peça, na Aliança Francesa da Tijuca. O meu nome tava ficando bem badalado, cara!

Fiz parte de um grupo de teatro engajado chamado "Dia a Dia". Era dirigido pelo paranaense João Siqueira, que tinha trabalhado com o lendário Amir Haddad. Fazíamos teatro de rua no Rio de Janeiro: a peça se chamava "Um homem sem documentos morreu atropelado na avenida", e viajei com ela para Minas e Brasília.

Mas a minha meta era a música popular. Fui convidado a participar da Sombrás, um grupo de músicos e letristas, liderados pelo compositor Maurício Tapajós e outros caras da MPB, que se reunia numa sala do MAM, o Museu de Arte Moderna do Rio de Janeiro, no Aterro do Flamengo. Os caras estavam putos da vida com a situação profissional e financeira dos compositores e cantores brasileiros, e resolveram fazer uma série de shows no Teatro Casa Grande, no Leblon, e na Sala Corpo e Som do MAM. O objetivo era divulgar a Sombrás e a causa dos músicos.

Fui escalado pra fazer o show do MAM, e não foi um dia só, não; foram seis dias seguidos, de terça a domingo. O show era com quatro cantores-compositores: Dona Ivone Lara, Jards Macalé, Sérgio Sampaio e eu. Nunca vi um quarteto de nomes tão diferentes no mesmo show! Dona Ivone, sambista, compositora e cantora, tava fazendo merecido sucesso; Macalé era conhecido, mas tava indo pro lado dos sambas engraçados do velho e bom Moreira da Silva; e o Sérgio Sampaio tinha feito um puta sucesso com uma música falando que queria botar o bloco na rua, depois de ter vencido aquele festival do qual eu também tinha participado em Cachoeiro do Itapemirim.

Sérgio foi o cara com quem eu mais conversei, principalmente no bar do MAM. Apesar de alguns excessos, ele era talentoso e muito legal. Uma vez o encontrei quase na hora do show vomitando no banheiro da Sala Corpo e Som, depois de muitas *canjibrinas*. Mas conseguiu fazer o show.

Cada artista deveria apresentar oito músicas, e chamei pra tocar comigo a Tunica na flauta, o Márcio no baixo acústico e o Osvaldo na percussão. Foi muito legal esse show, cara. Eu chegava no MAM algumas horas antes e ia direto pro bar, onde tomava oito cervejas, uma pra cada música! Nunca esqueci as letras e nem fiz besteira no palco.

O nome do show era "Boca no trombone", quer dizer, o pessoal da Sombrás estava fazendo barulho pra denunciar a roubalheira dos direitos autorais dos compositores e, também, denunciar a censura, a ditadura etc. — enfim, tudo que estava errado. A Sala Corpo e Som era um espaço enorme, onde armaram um tablado que seria o palco. Botaram umas trezentas cadeiras, mas o público era muito mais que isso, porque cabia muita gente em pé e sentada no chão. Lá foram feitos vários tipos de espetáculo, teatro, dança, e, principalmente, música. Algum tempo depois desse show, o MAM sofreu um grande incêndio. O fogo teria começado justamente na Sala Corpo e Som, estranho... Será que o incêndio foi criminoso? Não sei, ninguém sabe. Só sei que nunca mais teve show lá.

Eu ia ficando cada vez mais conhecido no Rio, mesmo sem nenhum disco gravado, nenhuma música tocando nas rádios. Vinha pensando nisso há muito tempo, é claro, e batalhando pra gravar, desde o encontro com o incrível Big Boy. Ainda precisava fazer um show solo pra marcar mais o meu nome, e foi aí que pensei em "Velha Bruxa" — nome de uma música em ritmo de valsa, diferente de todas que eu tinha feito. Pra mim, era uma valsa de terror. Valsa de terror, cara! Nada a ver com terrorismo, mas podia servir como tema de um filme de "terror psicológico" pro público jovem, um filme que se passa dentro da cabeça de um personagem adolescente do final dos anos 1960, com todos os seus problemas típicos.

Acontece que esse adolescente era um cara criativo, exagerado, até, e os problemas dele se materializam em forma de uma bruxa que vem atormentá-lo à noite, botando nele um monte de doenças que o infernizam o dia todo. A letra, na verdade, servia tanto pra falar da ânsia de liberdade de um adolescente em relação à sua família careta quanto da liberdade do povo em relação à ditadura que estávamos vivendo no Brasil.

Voltei a me encontrar com o tecladista Kakiko e falei pra ele que tinha vontade de fazer um show chamado "Velha Bruxa". O Kakiko tinha gostado muito das minhas músicas, mas disse que no show do Opinião elas estavam muito tradicionais, muito dentro da MPB, e ele achava que eu devia botar mais peso no som. Concordei, ainda sem saber bem o que o Kakiko queria. Ele me disse que estava ensaiando com o Murilo, que eu já conhecia, e mais uns caras na guitarra, baixo e bateria. Me chamou pra ir à casa dele ver os caras tocarem.

Kakiko morava numa rua que ligava Ipanema e Copacabana. Os caras faziam um som, tinham um visual e atitude de... roqueiros! Era uma banda de rock, cara! Mas o Kakiko falou pra eles que as minhas músicas tinham harmonias mais trabalhadas do que as do rock, e a melodia também era diferente, os ritmos, as letras... Resumindo: eu fazia a nova MPB. Kakiko disse que ia fazer os arranjos comigo, com teclado e violão, e passar pros caras como eles tinham que tocar, fazendo um som ao mesmo tempo harmônico e pesado, uma mistura de MPB com rock. Beleza!

Achei que a ideia do Kakiko tinha tudo a ver com o meu projeto "Velha bruxa" Partimos pros arranjos e ensaios, num clima bem diferente do que eu tinha experimentado antes, e que me fez ir além daquele negócio careta de escola de música.

O Kakiko foi mesmo muito legal, eu cantava e tocava as músicas no violão e ele mostrava no teclado o que ia fazer, mas sempre perguntando antes se eu tava gostando. Ele já tinha feito uma porrada de coisas na música, me contou que tinha sido o primeiro parceiro do Paulo Coelho, antes do Raul Seixas. Aliás, foi muito mais do que parceiro, foi companheiro de aventuras do Paulo, os dois aprontaram muito... Mas um dia, os dois brigaram, e o Kakiko me disse uma coisa bem estranha:

— Se eu encontrar o Paulo, cuspo na cara dele!

Espero que isso nunca tenha acontecido, porque uma amizade como era a deles não pode terminar nunca. Passei a me reunir no apartamento do Kakiko para ensaiar com a banda Hydrante — o nome não tinha nenhum significado especial, pelo contrário: o significado era a falta de significado! — com Kakiko nos teclados, Murilo no sax e flauta, Carlinhos na guitarra e violão de doze cordas, Toninho no baixo e Peninha na bateria.

O apartamento do Kakiko tinha só dois quartos, um deles o estúdio de ensaio, mas às vezes ficava cheio de gente, garotas, amigos... Era uma festa! Quando dávamos uma parada pra descansar um pouco eles acendiam seus baseados; eu dava uma descida pro bar, onde bebia vários conhaques. Aliás, nessa fase de ensaios do "Velha Bruxa" aconteceram umas coisas que eu não posso me esquecer de contar, mas não agora. Vou contar mais tarde.

Eu tinha marcado três shows pra fazer em teatros estaduais através de uma firma de produções artísticas, porque eu sozinho não podia fazer isso; a FUNARJ — Fundação de Artes do Rio de Janeiro — exigia que tivesse uma firma produtora na jogada. O primeiro ia ser em Copacabana, no Teatro Gláucio Gill, que ficava numa praça logo no início da Rua Barata Ribeiro. A namorada do Kakiko, uma loura muito bonita, conseguiu que os cartazes fossem feitos de graça na gráfica do jornal *O Globo*. Imprimiram quinhentos! Copacabana ficou cheia de cartazes do "Velha Bruxa", tinha cartaz pra todo lado, nas principais ruas e avenidas do bairro, muros, postes e até latas de lixo.

Além disso, saíram notas em vários jornais, e consegui duas coisas incríveis: divulguei meu nome — junto com o nome da banda e do show, lógico — na coluna do Nelson Motta no *Globo*, coisa que eu queria há muito tempo, e também nas "Dicas" do jornal alternativo mais famoso do Brasil, *O Pasquim*. Sabe quem deu ao Pasquim a notícia do meu show? O Aldir!

O Darci também me ajudou na divulgação, já que estava trabalhando na Rádio Nacional FM, muito ouvida pelo pessoal da MPB. Quer dizer, não tinha como o "Velha Bruxa" dar errado, apesar de ter sido marcado para uma segunda-feira, às nove e meia da noite. Copacabana era fervilhante, as pessoas procuravam coisas novas, e tudo colaborava pra que esse show fosse mais um passo importante na minha carreira, pra balançar as estruturas da música popular brasileira...

No domingo, logo de manhã, comprei o *Jornal do Brasil* e tive uma surpresa: a foto que eu tinha mandado pro JB — uma foto muito legal que mostrava só seis rostos, o meu no centro e os dos cinco caras da banda em volta, sobre um fundo preto — foi publicada pela jornalista Mary Ventura na seção de shows, em absoluto destaque! O texto embaixo da foto dava o serviço do show e ainda dizia que faríamos o circuito estadual. Depois dessa, não faltava mais nada. Era só chegar o dia pra gente arrasar no Gláucio Gill.

Na tarde de segunda, organizamos o palco e passamos o som com o lendário Paulinho do Som, um dos melhores técnicos do Rio, que usou seus microfones Shure originais no nosso show.

À noite, quando cheguei ao teatro, sabe quem estava esperando por mim na porta de entrada dos artistas? A garota M. Ela mesma. Acompanhada de uma amiga, estava mais magra e sem aparência de doidona. Falou comigo e foi esperar a hora do show em frente à porta de entrada do público. Dentro do teatro, enquanto a hora ia se aproximando, ficamos sabendo que o público estava aumentando, já tinha até fila na calçada! Chegou a hora, e quando o pano se abriu, o teatro estava lotado!

Começamos o show no maior pique e fomos assim até o final, com algumas músicas que toquei só de voz e violão. As mais aplaudidas foram "Velha bruxa", "Conto de fadas" e "Gazela". No final, muitos aplausos e gritos das nossas fãs. Recebi as pessoas que foram me cumprimentar no camarim, inclusive a garota M., que se foi naquela noite para nunca mais. Nunca? Nunca se sabe... Até dei alguns autógrafos, e agora só estava faltando uma coisa: o meu disco.

Ainda não tinha aquele movimento de discos independentes que aconteceu depois, cara, e eu não tinha dinheiro pra bancar um LP. O jeito era esperar... e continuar batalhando. Mas, em matéria de shows, eu tava começando a virar gente grande. Tava no começo ainda, mas um começo bem legal.

Depois do Gláucio Gill fizemos o tal circuito estadual, sem a badalação da estreia, mas suficiente pra eu aprender o que é a vida de um artista. Lembra que eu contei que pra fazer a "Velha Bruxa" tive que apelar pra uma produtora? Pois é. O cara da firma, um tal de Ruy, me falou que a FUNARJ não tinha liberado a grana, porque, como era um show de rock, eles tinham que ver se os teatros estavam em perfeitas condições depois do espetáculo, se o público não tinha quebrado as cadeiras... Na verdade, o safado ficou com o dinheiro! Quando soube disso, o baterista Peninha ficou irado:

— Se eu encontrar esse Ruy, eu mato ele por empalação!

Você sabe o que é empalação? É uma tortura medieval, uma coisa horrível! O fato é que nunca mais vi o Ruy em lugar nenhum, nem o Peninha. Até hoje, não sei se eles se encontraram pra reviver os horrores da Idade Média...

14. FESTA CAIPIRA COM CHÁ DE COGUMELOS

Prometi que ia contar umas coisas que aconteceram durante a fase de ensaios do "Velha bruxa" e, pra mim, promessa é dívida: não sou político filho da puta que promete e não cumpre. Começamos a ensaiar o show lá pelo mês de maio e, em junho, o Kakiko chamou todo mundo pra uma festa caipira no sítio em Guapimirim. Há muitos anos o pai dele juntava um monte de gente pra fazer essa festa, com tudo a que tinha direito: fogueira, quadrilha, quentão... Só pra você sentir o calibre do evento, Kakiko me disse que o Paulo Coelho esteve lá uma vez, e foi lá que ele começou a pensar naquela história de discos voadores e sociedade alternativa que iria desenvolver anos depois com seu parceiro Raul Seixas, baseado nas ideias do mago britânico Aleister Crowley.

Na noite da festa, um sábado, ensaiamos algumas músicas do show — bebi uns conhaques, como sempre — e partimos em caravana rumo ao sítio. O máximo, cara! Saímos em dois ou três carros de Copacabana, os músicos com suas namoradas e eu sozinho, ao contrário de outras épocas em que eu nunca ficava sem garota. Minha cabeça estava totalmente voltada pra carreira musical, não tinha espaço pra mais nada. Eu pensava em tudo, desde a ideia inicial do show até a divulgação, e ficava realmente ocupado só com isso. Muita gente chegava pra mim e dizia pra eu relaxar um pouco, mas eu só relaxava com conhaque. A viagem era uma possibilidade de relaxar com outras coisas... quentão, por exemplo, aquela bebida de festa caipira que leva cachaça.

Quando chegamos, a festa já estava rolando desde o fim da tarde, e era quase meia-noite. Fomos direto pra casa onde o Kakiko ficava, pra deixar nossas coisas. Depois, andamos pela estradinha até a casa maior. Nessa pequena caminhada, tendo só a lua pra nos iluminar, já deu pra sentir o clima de paz, amor e diversão daquela noite.

Entramos na casa, cumprimentamos o velho e partimos pra dentro do quentão. Chegou a hora da fogueira, e uma pequena quadrilha — de festa caipira, não de políticos brasileiros —, só de moradores do local, começou a dançar ao som da sanfona de um músico contratado na cidade. Tinha fogos, bolo de milho, aipim com melado... e fogos! Tava ficando frio, e o quentão não resolvia mais o problema. Acontece que eu tinha deixado o meu casaco na outra casa. Saí da festa e fui lá pegar.

Nessa altura do campeonato, cheio de gorós na cuca, eu já estava quase vendo os discos voadores de Paulo Coelho e Raul Seixas. Quando chegamos ao sítio, e andamos na estradinha em direção à festa, não tinha me preocupado em memorizar o caminho, até porque estávamos em grupo. Mas naquela hora eu tava sozinho, e o caminho era escuro, só tinha a lua, que não deu conta do trabalho de iluminar, além da estrada, o interior do meu cérebro.

Fui caminhando, só pensando em chegar. Aí aconteceu o que sempre acontece na vida: o momento da dúvida. De repente, o caminho se dividia em dois, me vi no meio de uma encruzilhada. E agora? Que caminho seguir? Parei, olhei pros lados, e compreendi que tinha que me virar sozinho. Confesso que senti medo, pois já não ouvia mais o som da festa, o frio aumentava, e eu só pensava que ia morrer ali, abandonado. Não podia nem me sentar no chão, à beira do caminho, e esperar pelos outros — primeiro, porque seria uma vergonha e, depois, porque do jeito que eu tava bêbado, ia acabar dormindo ali mesmo e sendo atacado pelos bichos do mato.

Tive que escolher o caminho na marra, e escolhi o caminho mais escuro. Se fosse pelo mais claro, seria fácil, mas as coisas muito fáceis não costumam ser boas. Tem uma música de Lupicínio Rodrigues que fala dos "pobres moços que vão ao inferno à procura de luz". Foi o que eu fiz. De repente, comecei a ouvir uma voz horrível vinda do mato, dizendo:

— Você vai se foder! Vai se foder!

Com certeza, era a voz da velha bruxa! Fiquei apavorado, e comecei a gritar para todos os lados:

— Vá se foder você, velha desgraçada, sua escrota! Se você existe mesmo, então apareça, que eu quero te encarar de frente. Você não vai me fazer desistir, jamais! Eu mesmo faço o meu caminho, quem me levará sou eu!

E fui andando, tropeçando, levantando, querendo chegar a um lugar que eu nem sabia se existia mesmo ou se era só loucura minha. Num determinado momento, como que por encanto, apareceu um bando de vagalumes na minha frente, voando em círculos com suas luzinhas piscando, como se quisessem que eu os seguisse. Compreendi logo que aqueles vagalumes eram seres do bem que tinham vindo me ajudar, e fui atrás deles, até que vi uma casa.

Ela estava lá. Não era loucura. Era uma casa de verdade, com paredes, teto, telhado e porta. Entrei e respirei aliviado. Minha escolha tinha sido certa. Lá dentro, vi que um casal estava transando e gemendo num canto, naquela base do "uhn, ahn, ui, ai..." Peguei meu casaco e me encostei num outro canto, longe deles. Puxei um cobertor e decidi não voltar mais pra festa.

Já tinha tido uma grande lição naquela noite: continuar o meu caminho, rumo ao meu destino verdadeiro. Mas adormeci com uma pergunta martelando na cabeça: "Que diabo de coisa botaram naquele quentão? Além da cachaça, é claro..."

Acordei de manhã e fui beber água, muita água; fui ao banheiro dar uma mijada e voltei pro meu cantinho, pra dormir de novo. Todo mundo estava dormindo pelo chão da sala, cada um — ou cada dois — em seu canto. O Kakiko estava no quarto com a namorada.

Por volta do meio-dia, as pessoas levantaram pra tomar café, caras amassadas, corpo moído, bafo de bode, mas muita disposição, alto astral. Vamos fazer o quê? Alguém se lembrou de uma outra temporada no sítio, em tempos mais delirantes, e deu a ideia de a gente catar um certo tipo de cogumelos que existia por ali. Poderíamos fazer um belo chá pra curtir no domingo até a hora de voltar pro Rio. Todo mundo achou legal, e lá fomos nós; os que já conheciam a trilha dos cogumelos iam na frente.

Acho que eu era o último da fila, e não sabia o que me aguardava. O mato tem seus habitantes, seus personagens próprios, e teve gente que disse que via fadas, duendes... Eu tava chateado por não ver nada disso; a gente só vê o que quer ver. Infelizmente, só vi mosquitos... Um deles voou pra cima de mim e senti que me atacou no pescoço com sua fina lança. Depois veio outro. E mais outro. Comecei a me coçar, e fui saindo do normal. Alguém sugeriu que o melhor seria eu voltar à casa. Foi o que fiz. Aqueles mosquitos me atacaram pra valer! Eu não parava de me coçar, principalmente no pescoço. Me lavei com água fria e tentei relaxar. O tempo passou e melhorei um pouco.

Quando os outros voltaram do mato, perguntei pelos cogumelos. Eles tinham conseguido apanhar uma quantidade razoável, e começaram a preparar o chá. Bebi só um pouco. Mas a coisa era forte... ou eu que era fraco? Dali a algum tempo, comecei a ter alucinações. Fui ficando paranoico, e aconteceu o pior: vi mosquitos enormes, com os abdomens cheios de sangue, voando em minha direção. Comecei a fugir, desesperado, tentando me proteger atrás dos móveis, derrubando objetos da sala, deixando todo mundo perplexo com a minha reação:

— Os mosquitos gigantes querem me atacar! — eu gritava, e caía, levantava, olhava minhas mãos e meus braços cobertos de sangue e continuava a fugir daqueles seres alados gigantes, num surto psicótico. Finalmente, me abriguei debaixo da cama do Kakiko e lá fiquei, tremendo de medo. Dali a algum tempo, Kakiko foi até o meu "esconderijo" e me perguntou:

— Você está bem?

Saí de baixo da cama, ele me olhou fixamente... e me contou o que eu não estava vendo:

— Cara, você está tendo um choque anafilático! Seu pescoço está inchado, com manchas vermelhas, uma imagem de horror!

O lado médico do dentista Kakiko falou mais alto, e ele, com medo de eu morrer, me levou rapidinho para um posto de saúde na cidade. Lá me examinaram e me aplicaram uma injeção que me deixou completamente dopado. No final do dia, pegamos a estrada de volta ao Rio.

15. Do sucesso dos TropiKantes ao salto mortal no Leme

Depois do show "Velha bruxa", eu e a banda Hydrante tocamos em alguns bares do Rio de Janeiro, frequentados pelo público de rock. Pude sentir que minhas músicas agradavam também aos roqueiros, desde que não fossem roqueiros radicais, claro. Nunca gostei de radicalismos, nem no rock, nem no samba, nem em porra nenhuma. Raiz é mandioca, como dizia Tom Jobim!

Comecei a fazer música na Jovem Guarda, cresci no Tropicalismo, enveredei pela MPB, do samba ao rock. Fiz de tudo. Ou quase tudo... Mas a banda Hydrante queria seguir seu próprio caminho, e eu tinha planos de fazer um trabalho que misturasse uma quantidade maior de ritmos e estilos. Nos separamos.

Falei com alguns amigos da escola de música, gente que fazia rock e MPB, e comecei a montar uma banda nova. Eu não queria ser o astro principal. Preferia ser músico e compositor, e dividir a parte vocal com outro cantor. Ou melhor: cantora, uma cantora como a Rita Lee, mas que fosse do tipo morena brasileira.

O baixista Alberto me disse que conhecia uma garota assim, e que cantava muito bem. Se chamava Terezinha e tinha vindo de Natal, no Rio Grande do Norte, pra ser cantora no Rio de Janeiro. Falamos com ela, que logo aceitou, e assim surgiram Os

TropiKantes. O nome da banda era uma homenagem declarada à Tropicália e aos Mutantes, e a letra K maiúscula no nome era só frescura mesmo.

Começamos a ensaiar. Primeiro, só eu (violão e voz), Alberto (baixo), Pedrinho (guitarra) e Terezinha (voz e percussão). Depois apareceu o Zé Carlos (bateria e percussão) e, mais tarde ainda, o Gustavo (teclados).

Nesse meio tempo, me formei na escola de música da Praia do Flamengo, só pra ter um diploma que me abrisse as portas de um emprego enquanto o sucesso na música popular não acontecia: dei muita aula particular de violão, só pela grana do fim de semana. Mas eu tava ficando velho — tinha mais de vinte anos! —, e ainda morava na casa dos meus pais.

Meus irmãos como eu já disse não tinham nada a ver comigo, a não ser o fato de sermos filhos do mesmo pai e da mesma mãe. Descobri que, na verdade, eu era mesmo o irmão mais novo da juventude de 1968 — ano divisor das águas no mundo, ano da mudança planetária! —, daqueles jovens que sonhavam com a liberdade, com a imaginação no poder. E isso não vai terminar pra mim, a não ser que eu morra. É isso aí. Tudo vai mudar.

Um professor da Escola de Teatro me indicou pra dar aula de música numa escola particular na Gávea, próxima à PUC, que tinha um nome singelo, "Toca do coelhinho". Eu nunca tinha pensado em trabalhar com crianças, mas era uma chance de ganhar mais dinheiro do que ensinando violão pra gente que não queria nada. Eu tava com sorte, mal me formei já consegui emprego com carteira assinada.

A "Galera dos sonhos" era uma balada que na segunda parte virava bossa-nova e depois voltava a ser balada. "Helena", minha primeira música, era um rock. E por aí vai. Os TropiKantes tocavam rock brasileiro, ritmos latinos, baladas, forrós, e até "Velha bruxa", a minha *valsa de terror*. Mas a música que mais mostrava o nosso pensamento era "Juventude Mutante", onde eu homenageava a Tropicália e reverenciava uma figura da maior importância no rádio e na TV brasileira, o Chacrinha, fazendo uma imitação da voz do inesquecível comunicador e, por que não dizer, agitador cultural das massas — e das carnes, dos vegetais, das frutas etc. Enfim, era a música-manifesto dos TropiKantes e do meu trabalho como compositor, e também uma música com função teatral, muito boa pra shows.

Nos seus quase dois anos de vida, os TropiKantes fizeram muitos shows em cidades do interior do Rio de Janeiro, de Minas Gerais e Espírito Santo. Fomos uma vez a São Paulo e outra a Brasília. Mas faltava muita coisa, principalmente um empresário melhor. Nós não tínhamos nenhum disco lançado, nenhum sucesso no rádio, apenas fitas-cassete de produção independente e algumas participações em programas de TV de segunda ou terceira linha.

Pra não dizer que tocávamos só músicas nossas — quer dizer, minhas —, tocávamos algumas de Roberto e Erasmo, Caetano, Beatles e Mutantes. A abertura do programa do Chacrinha, "Abelardo Barbosa está com tudo e não está prosa...", servia como prefixo da nossa cantora Terezinha — "ô, Terezinha, ô, Terezinha, é um sucesso a Discoteca do Chacrinha".

O maior problema da nossa banda foi justamente este: a Terezinha, nossa Rita Lee morena de olhos verdes. Não vou mentir que não fiquei apaixonado por ela, jamais! E, como diz a velha máxima roqueira, "uma mulher pode acabar com uma banda"... Os Mutantes tiveram um problema semelhante com a Rita Lee, que acabou saindo da banda — ou sendo expulsa, como ela diz — e provocando a tentativa de suicídio do Arnaldo Batista, que tinha por ela um amor não correspondido.

Tetê, ou Tiezinha, era muito bonita, atraía todos os olhares masculinos. E a presença de músicos galãs — e *galinhas* — como Pedrinho e Gustavo agradava a mulherada. Quanto a isso, também não posso me queixar: nunca tive tanta sorte com as mulheres. Nossos shows, muitas vezes, terminavam nos quartos dos hotéis com *"sex, drugs and rock'n roll"* — nada mal, para um ex-tímido "emepebista" da Tijuca.

Mas um compositor como eu talvez tenha que se entregar mais à poesia dos amores impossíveis, do tipo "Helena", ou

"Lunara". A realidade é complicada: Terezinha saiu da banda pra começar carreira solo com a ajuda do Fagner, Paulinho da Viola e outros caras assim... E eu, me sentindo traído, entrei numa fase de depressão, passei a beber mais e consumir drogas pesadas com certa frequência. A banda não tinha mais condições de continuar e se desfez. Foi aí que pensei em me suicidar.

Nunca imaginei que pudesse chegar a tal ponto. Uma noite, saí andando pela praia de Copacabana. Estava muito triste, e fui parando nos bares do caminho, não aqueles pra turistas, mas os botecos das ruas transversais. Entrava numa rua daquelas, bebia uma cachaça num boteco e voltava pro calçadão da praia, cada vez mais deprimido. Então, decidi morrer no mar. Me encaminhei pro Leme, num dos extremos de Copacabana.

Dizem que a pedra do Leme, vista de cima, é como o leme de um navio, o que lembrava a minha "Galera dos sonhos", que partiu "numa viagem para além do mar". Então, tinha chegado a minha hora de partir! Eu talvez conseguisse ir além do mar e da vida... talvez encontrasse do outro lado o reino dos confins do além... Essa ideia maluca, mas poética, foi muito sedutora pra mim naquele momento.

Fui subindo pelo caminho que contorna a pedra. Parei no ponto que achei melhor pra dar o salto mortal (mais de dez metros de altura!), pulei a murada de proteção e mergulhei de pé. Que água fria! Afundei, e ao voltar à tona, comecei a gritar por socorro. Felizmente, é um local de pescadores; e um deles, que me viu pulando, entrou no mar e me arrastou até a praia, onde fiquei caído, morto de cansaço... e de vergonha!

Em menos de dez minutos, ainda meio grogue, comecei a sentir o cheiro de uma certa maresia que eu já conhecia bem: a alguns metros de mim, garotos e garotas fumavam maconha numa rodinha. Percebi que me olhavam e faziam comentários entre si, do tipo, "Pô, aí... O cara querendo morrer... Que *bad trip*..."

Acabei dormindo ali mesmo. Acordei ao raiar do dia, todo molhado e com areia em todos os orifícios do corpo. Demorou um pouco, mas depois desse triste episódio consegui me recuperar. Voltei a tratar da minha carreira musical, até que uma ex-namorada, formada pela Escola de Teatro, me chamou pra fazer as músicas de uma peça que o grupo dela estava montando, na verdade uma coletânea de textos e poemas, coisa muito intelectual pro meu gosto; mas não recusei o trabalho, botei música em cada poesia que você não ia acreditar, apenas lendo, que poderia haver alguma música que se encaixasse naquilo com naturalidade e daí resultassem canções.

O autor era um poeta de São Paulo, capital, conhecido dos intelectuais e universitários que estudavam literatura. Vinte anos mais velho do que eu, o cara veio ao Rio assistir à peça — apresentada uma só vez, na Faculdade Notre-Dame, em Ipanema — e adorou o trabalho que eu fiz com os poemas dele. Gostou tanto que quis ser meu parceiro, ficou de me mandar outros textos. Eu o chamava de "Poeta M.C.". Fui fazendo as músicas, gravando e mandando as fitas-cassete pelo Correio.

16. Lúcio Alves, o anjo boêmio do gogó de ouro

Um dia, em 1979, eu soube que a Funarte, fundação de arte do Governo Federal, tinha começado a fazer uma série de shows de música popular num teatro dentro do Museu de Belas-Artes, no centro da cidade, o "Seis e Meia" da Sala Funarte. Fui lá pra ver como era e, como sempre, a condição para participar era eu ter um padrinho famoso, pra fazer, pelo menos, a abertura do meu show, assim como o João Bosco no Opinião. Quem é que eu ia chamar agora?

Lembrei logo do Lúcio Alves, cantor respeitado, o único pra quem o genial João Gilberto tirava o chapéu, e que era super gente boa. Eu tinha conhecido o Lúcio quando participei dos festivais universitários na TV Tupi, ele era o diretor artístico e tinha gostado das minhas músicas e da minha voz. Tomamos uns uísques num bar perto da emissora, na Urca, e ele conversou comigo como um padrinho com seu afilhado. Tinha chegado a hora de encontrar o Lúcio de novo, mas ele não trabalhava mais na TV Tupi.

A TV Tupi, aliás, nem existia mais, e eu soube que o Lúcio estava trabalhando na TV Educativa, no centro do Rio, e uma tarde fui lá procurar o cara. Eu já conhecia a TV-E, tinha estado lá antes gravando um musical com a banda da emissora. Saí pelos corredores perguntando pelo Lúcio, entrei em duas ou três salas procurando por ele, e nada. Só depois de meia hora lá dentro alguém me revelou que o Lúcio estava no Estúdio B, ótimo, até que enfim eu soube o paradeiro dele! Mas onde é que ficava o Estúdio B? Aí, entregaram: "Estúdio B" era como eles chamavam o bar ao lado da TV (o B era de bar...), e o Lúcio costumava se reunir lá com os amigos do trabalho.

Fui pro Estúdio B e dei de cara com o Lúcio em plena reunião com dois simpáticos amigos, os três em volta de uma mesa com copos, balde de gelo e uma garrafa de uísque. Lúcio me recebeu muito bem, me apresentou aos seus amigos — dois Fernandos: o Sr. Lobo (jornalista e compositor, pai do Edu) e o Sr. Pamplona (cenógrafo, carnavalesco, produtor de TV, professor e diretor de arte) — e me convidou pra tomar uísque com eles.

O Sr. Lobo, bem gorducho, pediu licença e se levantou pra ir ao banheiro. Na volta, disse, com cara de espanto, que já tinha tomado quatorze uísques! E eram só quatro da tarde... Convidei o Lúcio pra fazer comigo o "Seis e Meia" da Funarte; ele aceitou, me pediu que eu ligasse logo pra Funarte, dali mesmo do "Estúdio B", confirmando a participação dele.

Liguei, mas a Funarte não atendia. Liguei mais, não sei quantas vezes, o Lúcio me encorajando a não desistir — "por que esses merdas não atendem, porra?!" — até que finalmente atenderam. Mandei ligar para o diretor da Sala, confirmei a participação do Lúcio e desliguei. Agora, podíamos continuar bebendo em paz.

O Lúcio me disse que ia chamar os músicos, e os ensaios poderiam ser feitos na boate Le Coin, que pertencia a um amigo e ficava perto da casa dele, no Leblon.

O diretor do show, indicado pela Funarte, seria Kleber Santos, o que me agradou muito, porque Kleber tinha sido diretor do histórico Teatro Jovem da Praia de Botafogo, berço de muita gente boa. Ainda batemos um papo e bebemos mais uns uísques, eu, o Lúcio, o Sr. Pamplona e o Sr. Lobo. Este último, cheio de bom humor, lá pelo vigésimo uísque já estava até imitando Carmem

Miranda, com aqueles trejeitos e tudo... Até que eles disseram que tinham que voltar pro trabalho, mas... como?

Peguei o número do telefone do Lúcio e ainda fiquei mais um pouco no "Estúdio B", matando o uísque da garrafa. Já era noite quando voltei pra Tijuca, no maior porre — de uísque e de felicidade —, com mais uma conquista pra minha carreira.

O show em que Lúcio Alves me apresentou ao público na Sala Funarte do Rio de Janeiro foi o ponto máximo do meu casamento com a MPB. Foram duas semanas, de terça a sábado, com nada menos do que dez espetáculos em que Lúcio cantou músicas de Tom Jobim, Dolores Duran, Caetano Veloso, Antonio Maria e muitos outros compositores da pesada. Ele abria o show cantando músicas famosas e depois me chamava ao palco. Mas não ia embora, não. Ficava no camarim, e voltava no final, pra encerrarmos o show juntos, cantando "Valsa de uma cidade"!

Das músicas que eu cantei, as que fizeram mais sucesso foram "Diariamente", "Velha Bruxa" e "Conto de fadas". Teve só um problema: a garrafa de uísque que o Lúcio levava pra gente — só ele e eu — "molhar a palavra" acabava rapidinho, porque os músicos vinham molhar o bico também. Os músicos eram Reinaldo Arias (piano), Luiz Marinho (baixo), Tião (bateria), Ronaldo (sax e flauta), Café (percussão) e Zé Moacir (guitarra e violão 12 cordas). Tivemos que fazer uma vaquinha pra comprar uísque que desse pra todos...

O clima na Funarte era de alta qualidade, tanto em música como em amizade. Às vezes, terminado o show, Lúcio saía rápido pra pegar o último páreo do Jockey, porque, além de música, mulher e uísque, ele gostava de ver os cavalos correndo... Lúcio Alves, uma das mais belas vozes da MPB, e um dos caras mais legais que eu tive o privilégio de conhecer, tornou-se o terceiro anjo da minha vida artística, anjo boêmio do gogó de ouro, do coração de ouro, meu bom Lúcio, inesquecível!

E você sabe quem apareceu na Funarte? O meu parceiro de São Paulo! A gente já tinha resolvido gravar um disco com nossas músicas, bancado pelo poeta, claro, que tinha muito mais grana do que eu, mas o que eu ainda não sabia é que ele ia ter um cargo muito importante na prefeitura de São Paulo. Isso era bom pra mim? Eu não quis nem saber. Só o que me interessava era o meu disco, meu primeiro LP.

17. NA TRANSVERSAL DO TEMPO: ELIS REGINA, PC E O DOIDÃO

Ih, cara! Tem uma coisa que eu já tava quase esquecendo de contar, uma coisa que aconteceu antes do show com Lúcio Alves, antes da parceria com o poeta de São Paulo, antes de tudo isso... aconteceu quando eu tava no embalo de mostrar minhas músicas pra gente importante da MPB, além de fazer shows pro meu público, que tava aumentando cada vez mais. Mas, vamos lá, o negócio é o seguinte: não é todo dia que a gente tem a chance de ficar perto de uma estrela, certo? Pois é.

Eu tive a chance de estar com Elis Regina, uma das maiores cantoras da música brasileira! E sabe quem me deu essa chance? O Aldir, mais uma vez. Elis estava no Rio pra fazer o show "Transversal do tempo", que já tinha feito muito sucesso em São Paulo. E eu queria mostrar pra ela uma música minha, "Hora H", aquela de que o Aldir tinha gostado e citado no texto da minha apresentação no Teatro Opinião. Aldir Blanc e João Bosco já tinham vários sucessos na voz de Elis, e o Aldir, além disso, era um dos autores do roteiro do "Transversal do Tempo". Minha ideia de mostrar a música pra Elis estava redondinha feito uma bola, só faltava chutar e marcar o gol!

Liguei pro Aldir e ele topou me ajudar, mais uma vez. Disse que ia falar com a produção do show pra liberar a minha entrada no camarim, logo após o espetáculo. Eu ia pagar a minha entrada — não tem essa de ver show de graça — e, depois do show, entregar pra Elis uma fita-cassete com "Hora H" e "Galera dos sonhos", duas músicas que iam ficar ótimas na voz dela! Confirmei com Aldir que eu ia ao show no dia tal, e ele confirmou que eu podia ir ao camarim falar com Elis, bastava eu dizer pra produção que era indicado por ele.

O show era no Teatro Ginástico, do Clube Ginástico Português, no centro do Rio. Comprei meu ingresso com antecedência, uma cadeira na terceira fila, do lado esquerdo, perto do palco. Eu já tinha visto vários shows da Elis no Rio, e sabia que ela, além de ser ótima cantora, era uma tremenda intérprete, cheia de teatralidade. Elis era aquela artista que dá vontade de aplaudir em cena aberta, aplaudir de pé. Baixinha danada! Lá fui eu pro show, com minha fitinha-cassete no bolso, cheio de esperança, e cheio de orgulho por ter sido indicado pelo Aldir pra falar pessoalmente com uma grande estrela, conhecida como a "pimentinha" da MPB.

Nem preciso dizer que o show foi incrível! Elis cantava músicas dos compositores mais diferentes, de ritmos diferentes e letras ótimas, com toda a sua versatilidade, seu talento e emoção incomparáveis. Pra variar, foi aplaudida em cena aberta várias vezes. O som da banda, comandada pelo pianista César Camargo Mariano, seu marido, era o máximo!

No final, o público foi saindo e eu ficando, esperando o momento certo pra ir ao camarim, atrás do palco. Quando vi que quase todo mundo já tinha saído, me levantei e fui até uma escadinha à esquerda, pra subir no palco. Mas tinha uma outra escadinha à direita, e eu percebi que um cara também subiu, quase ao mesmo tempo que eu. Enquanto eu atravessava o palco rumo ao camarim, percebi que o cara foi em direção à bateria, que estava armada no centro, sentou-se no banquinho e começou a tocar sem a menor cerimônia, ou melhor, começou a bater de qualquer jeito, fazendo um tremendo esporro.

Fui em frente. Cheguei à porta do camarim e lá estava o César Camargo Mariano, como se além de seu marido, músico e arranjador, fosse chefe da segurança da estrela (nesse tempo não havia esse monte de seguranças que a gente vê hoje). Eu disse meu nome, e que era convidado do Aldir Blanc. César falou com uma pessoa da produção que confirmou o convite; fui liberado pra entrar no camarim e encontrei Elis sentada em frente ao espelho, retirando a maquiagem, enquanto conversava com um casal que tinha vindo do Rio Grande do Sul só para vê-la.

A porta do camarim estava aberta, e nós ouvíamos o barulho do cara surrando a bateria, parecia que estava doidão, sei lá. Elis perguntou se ele tinha vindo comigo, eu disse que não, claro, e ela pediu ao César que fechasse a porta, pra evitar qualquer surpresa desagradável. Elis falou literalmente: "É melhor ficar com a porta fechada. Esse cara pode querer entrar aqui. Deve estar drogado... Eu não tenho nada a ver com drogados!"

Entreguei minha fitinha e ela a colocou carinhosamente sobre a bancada, junto com outras fitas. Falei que eu morava na Tijuca, mesmo bairro do Aldir; depois, não consegui falar mais nada. Fiquei só ouvindo a conversa de Elis com o casal do Sul, esperando terminar a confusão do maluco na bateria pra poder sair. Elis, contente com as críticas que o show tinha recebido dos jornais cariocas — ela tinha todas pregadas no espelho — fumava um cigarro longo. Quando acabou o barulho no palco, alguém nos avisou de que estava tudo bem, eu me despedi de Elis e do casal e fui embora.

Saí do Ginástico em êxtase por ter estado com a baixinha, que virava um gigante no palco: ela tinha prometido que ia escutar a minha fita, mas, cara, muita gente queria o mesmo que eu... ser gravado por Elis! É assim mesmo, não tem espaço pra todo mundo...

Tenho certeza de que Elis ouviu a minha fita, e gostou. Mas depois da temporada do "Transversal do tempo", o grande sucesso de Elis Regina foi uma música de João Bosco e Aldir Blanc que até foi chamada de hino da anistia — mais um gol de placa da grande dupla, na voz da grande cantora. Elis não gravou nenhuma música minha, mas continuei o meu caminho, querendo sempre dizer "palavras que tenham a ver comigo, contigo, com todos nós".

18. Praça Onze, Botafogo, Catete... Adeus, Rio de Janeiro!

O Estúdio Sonoviso era o preferido dos músicos da moderna música popular brasileira, e carioca. Ficava atrás de um circo — circo de lona, mesmo, com leões, elefantes etc. — na Praça Onze, perto da Presidente Vargas e do Edifício "Balança mas não cai". Quem comandava o som era Toninho Barbosa, mais do que um simples técnico, um grande amigo de todos, famosos ou não; muito cuidadoso com seu trabalho, usava bata e luvas brancas pra manipular fitas e microfones! Foi Toninho quem gravou o primeiro disco independente do Brasil, o LP "Feito em casa", do pianista e compositor Antonio Adolfo.

Comecei a gravar as bases do LP — piano, violão, baixo e bateria — depois da temporada da Sala Funarte, em 1979. Para os arranjos, chamei dois músicos: Reinaldo Arias, pianista do show que fiz com Lúcio Alves, e Roberto Gnattali, também pianista, marido da Tunica, minha amiga flautista que tinha tocado comigo no Opinião e no MAM — dois arranjadores e duas pessoas completamente diferentes. Minha ideia era a seguinte: já que o LP tem dois lados (A e B), eu faria cada lado de um jeito, num estilo diferente, um lado mais tradicional, a cargo do Roberto, e outro mais pop, a cargo do Reinaldo. O LP teria doze faixas, seis de cada lado, cada lado com sua característica, seu som próprio.

Gosto das coisas diferentes, e o meu primeiro LP ia ter essa cara, impossível não ter.

Só chamei músicos profissionais da pesada. Muitos deles tocavam com artistas famosos, como Elba Ramalho, Ivan Lins, Gilberto Gil... É, cara, meu casamento com a MPB foi total! Não vou dizer o nome dessa gente toda porque eram mais de trinta músicos no meu disco e posso esquecer alguém, o que não seria justo. Mas tem um cara que eu faço questão de dizer quem era: uma das músicas era um samba-choro e, pra gravá-lo, o Roberto chamou os Carioquinhas, um grupo que tocava com o tio dele — o grande Radamés Gnattali, um dos maiores músicos e arranjadores da música brasileira de todos os tempos.

Na noite em que os Carioquinhas foram ao estúdio gravar a base instrumental choveu pra caramba, e um dos caras se atrasou. Chegaram todos na hora, menos um. Quase que a gravação foi suspensa, mas finalmente o cara chegou todo molhado, com os cabelos escorrendo, mas cheio de felicidade, pronto pra gravar. Pegou seu violão de sete cordas e a gravação começou: era, simplesmente, Raphael Rabello, um garoto que se tornou um dos maiores violonistas brasileiros. Naquela época ele estava começando a carreira e gravou uma música minha, um samba-choro, o único que fiz na vida. Filho único abençoado, cara!

Todos os músicos que gravaram o meu LP receberam cachê. Claro que a grana que eu paguei era de disco independente, menos do que eles receberiam de uma grande gravadora, mas essa era a prática entre os independentes. Fiz tudo muito bem planejado, informando ao meu parceiro todas as etapas da produção que ele estava financiando. Quando chegou o fim do ano, tive que interromper o trabalho, mas a minha cabeça continuou ligada nele.

Eu não tinha mais nenhum clima pra continuar morando na casa dos meus pais. Me lembrei de um compositor que eu conhecia, o Paulo Gomes, que era do Ceará e estava morando no Rio, na Pensão Silvio Romero em Botafogo. Eu achava legal esse negócio de o cara ter coragem de ir pra outro Estado, ou mesmo outro país, pra batalhar pelos seus sonhos. Fui falar com o Paulo Gomes, e ele disse que me avisaria quando aparecesse uma vaga.

A pensão era muito bem localizada, na Rua Voluntários da Pátria, em frente a um velho cinema chamado Capri. Quando a vaga apareceu, no fim do ano, fui de mala e cuia, pronto pra recomeçar a vida. Acontece que final de ano é só Natal, Ano Novo e, depois, aquela preparação para o carnaval. Só festa. E a minha festa era diferente, era por dentro, uma transformação, uma curtição de alguma coisa que ainda estava por vir.

Eu estava numa situação totalmente diferente, num ambiente diferente, com pessoas que eu jamais teria conhecido se não estivesse ali, naquele lugar. E eu gostava disso.

Continuei a tomar minhas biritas, principalmente no bar do Manolo, na entrada da galeria do cinema Capri, que estava se transformando num cineclube. Na pensão moravam muitos caras do interior de Minas que tinham vindo estudar em faculdades do Rio de Janeiro, uns caras muito caretas mesmo. Eu tinha aquele amigo compositor cearense, mas ele era cheio de esquisitices, não bebia, só tomava guaraná sem gelo, morria de medo de ficar resfriado, não por causa do resfriado, mas por causa do dinheiro que ia ter que gastar com remédios. Não deixava de ter sua razão...

A mensalidade dava direito à vaga num quarto e às refeições: café da manhã, almoço e jantar. Os banheiros eram coletivos. Era um cenário interessante, personagens que estavam experimentando uma mudança em suas vidas — nos anos 1960, isso aconteceu de forma especialmente grandiosa no Solar da Fossa, um enorme casarão em Botafogo próximo ao Túnel Novo que foi transformado em pensão, onde moraram Caetano, Gal, Paulinho da Viola e muita gente que ficou famosa na música, no teatro, no cinema, na TV e no jornalismo.

Na Pensão Silvio Romero conheci o Zé Campos, um mineiro que veio pro Rio trabalhar num banco e gostava muito de desenhar, beber e fumar vários tipos de cigarros. Fomos juntos várias vezes aos bares do Leblon, até que ele saiu da pensão e foi morar no Catete, no apartamento de um colega do banco.

Continuei na pensão, atravessei aquelas festas todas de fim de ano e finalizei meu disco, vozes e pré-mixagem. O poeta M.C. veio ao Rio e entreguei a ele o material — duas fitas de rolo de 8 canais — pra ele levar pra São Paulo, porque era lá que a gente ia batalhar uma gravadora ou um selo pra lançar o disco. Fui encontrar o M.C., aliás, num hotel de luxo na Praia de Ipanema; ele sempre ficava hospedado na casa de um amigo, o escritor Ledo Ivo, mas dessa vez me disse que podia até pedir um jatinho da FAB pra levá-lo de volta a São Paulo. Achei isso meio besta.

Por uma incrível coincidência, o Darci, que eu já não via há muito tempo, acho que desde o show "Velha Bruxa", veio morar num prédio ao lado da pensão. Estava muito feliz em sua nova fase, tinha assumido sua homossexualidade — que nunca significou nada de menos nem de mais na nossa amizade de muitos anos — e estava vivendo com seu companheiro Luis Antônio Barcos, pianista e diretor musical de vários espetáculos que faziam sucesso no Rio de Janeiro.

Fui ficando de saco cheio de morar na pensão. Queria algo mais. Um dia, encontrei o Campos e ele me chamou pra morar com ele, porque o amigo dele tinha saído do Catete pra morar num apartamento maior. Me despedi da pensão e fui morar com o Zé Campos no Catete, num conjugado com banheiro e cozinha. A coisa melhorou. Nos dias de sol, eu ia à Praia do Flamengo e, à noite, ao Forró Forrado.

O Forró Forrado, no andar de cima de uma casa da Rua do Catete, ficou muito badalado quando o Chico Buarque foi lá ver o show do João do Vale, um negro maranhense autor de "Carcará", o primeiro grande sucesso de Maria Betânia. João tinha feito sucesso também ao lado de Nara Leão e Zé Keti no show "Opinião", que estreou no final de 1964 no teatro de mesmo nome — onde eu fiz meu primeiro show, em 1975, lembram?

O Forró era muito legal, misturava operários e empregadas domésticas a estudantes universitários, professores e artistas, todo mundo junto. Mas o que eu mais gostava era quando, antes da hora do show, encontrava o João do Vale num bar no andar de baixo. Ele sempre me convidava pra beber com ele uma cachaça forte *pra daná*, acho que foi o álcool mais forte que já bebi na vida! O tira-gosto preferido do João era laranja com pedaços de carnes de feijoada, coisa leve... Mas o principal era o papo, a conversa sobre música e sobre a vida, sem teoria nem bestice intelectual. João era um homem de natureza política autêntica, maravilhoso!

Às vezes, quando eu ia com o Campos ao Lamas, restaurante tradicional no Flamengo, tinha o prazer de encontrar o João lá também, em companhia do seu filho, e sentávamos na mesma mesa. Sempre apareciam outras pessoas; o João era querido por todos, e o garçom ia juntando mesas e mais mesas...

De vez em quando, eu e o Campos arrumávamos umas malucas pra transar com a gente no apartamento. O problema é que elas voltavam depois, a fim de morar junto, casar... Foi nessa época que aprendi a cozinhar, fazer arroz e feijão, porque enchi o saco de comer na rua. O Campos também cozinhava, por sinal muito bem. E aí eu senti que o poeta M.C. estava me cozinhando em banho-maria: eu ligava pra ele em São Paulo e ele vinha com umas conversas estranhas, que ainda não era hora de a gente lançar o disco, que ele tinha entregado as nossas fitas pra um produtor que ia analisar o trabalho, e tal e coisa, e coisa e tal... Isso começou a encher o meu saco. Quem era esse produtor? O que é que ele queria?

Eu já tava achando que tinha que estar em São Paulo em tempo integral pra resolver essa parada, que eu tinha que me mudar pra lá. Não tinha nenhum problema, era só eu ficar um tempo na casa de um tio meu que morava lá enquanto arrumava uma pensão pra morar. Avisei a todo mundo que ia me mudar, fiz a minha mala e me mandei. Finalmente, estava mudando em busca do meu sonho, não somente de bairro, mas de cidade, de Estado. Isso era muito legal! A aventura da minha própria vida! Afinal, o que é que a gente tá fazendo neste mundo? A música tava me mostrando o caminho da mudança: uma música pode mudar uma vida. E a vida tem que ir além, cara!

19. PC EM SAMPA: MORTE DE JOHN LENNON, SAFADEZA E *MUIÉ*

Meu tio e a mulher me receberam super bem em Sampa, mas eu já tava chateado de ficar hospedado na casa deles, em Perdizes. Todo dia eu lia o jornal em busca de um quarto de pensão onde pudesse me acomodar. Minha bagagem era mínima: o violão e uma mala com pouquíssimas roupas. Visitei vários locais diferentes, cada buraco, que só você vendo!

Eu tava mais ligado no centro da cidade, porque morando lá ficaria mais perto das coisas que me interessavam — bares, teatros, gravadoras, rádios, jornais... Mesmo com aquela cor cinzenta eu achava o centrão de São Paulo interessante. Pra falar a verdade, eu já tinha ido a São Paulo alguns anos antes, e gostava da cidade, diferente do Rio, com todas as suas coisas estranhas — era por isso mesmo que eu gostava.

Liguei pro meu parceiro, o poeta M.C., que continuava a insistir naquela história do tal jornalista que seria produtor do LP — ele só tinha uma cópia das fitas máster, que continuavam na casa do meu parceiro — e tava ouvindo o nosso trabalho pra decidir o que fazer com ele:

— Tudo bem, parceiro. Então, eu quero conhecer esse jornalista — foi o que falei pro poeta, com a minha moral de compositor, cantor e produtor do material que estava só aguardando um sopro pra cair na vida. Fui falar com o jornalista na redação da revista onde ele trabalhava; não era uma revista de música, mas de culinária ou decoração, sei lá, nem lembro o nome dele, sinceramente. Só sei que era meio italiano, tinha um jeito bem falso e um tremendo narigão. Meu encontro com o tal "produtor" não rendeu grandes coisas, e ele ficou de me ligar depois, aquela embromação de sempre.

Continuei a procurar um lugar pra morar. Enquanto isso, ia conhecendo melhor a cidade, as linhas de ônibus, o jeito das pessoas, a mistura paulistana de japoneses, italianos, árabes. Me lembrava com frequência de duas pessoas que são a cara de São Paulo: Adoniran Barbosa e Rita Lee. Sempre tive uma tremenda simpatia pelo Adoniran, compositor e humorista, que criou um personagem próprio, popular e engraçado — um gênio na história da MPB, que tem muitos gênios e, se a gente começar a lembrar, não para mais... E Rita Lee, além de ser a primeira estrela do rock brasileiro — a mais completa tradução de São Paulo, como disse Caetano — tinha gravado "Glória ao rei dos confins do além" quando estava nos Mutantes, foi ela a cantora da minha música, cara! Precisa dizer mais alguma coisa?

Por isso é que São Paulo morava dentro de mim antes de eu pensar em me mudar pra lá. Em Sampa eu procurava outra parte de mim, cinzenta, poluída... Mas muito legal, meu...

Eu tava assim: de dia procurava um lugar pra morar, de noite rondava a boemia da cidade. Se tem um lugar de que gostei logo de cara foi o Bixiga (com 'i'), um bairro com muita música ao vivo, cantinas italianas e uma badalação que misturava o antigo e o moderno. Gosto disso. Mas acontece que ir ao Bixiga à noite e depois voltar pra casa do meu tio não combinava. Eu precisava encontrar logo um lugar pra ficar.

Olhando os classificados pela enésima vez, descobri um pequeno quarto numa pensão que, na verdade, era um hotelzinho sem refeição nenhuma, nem café da manhã. Liguei pra lá e soube que ficava no Paraíso, perto da Avenida Paulista. Poxa, a

Avenida Paulista é um lugar muito chique, cheio de bancos, escritórios de empresas e tudo mais!

Realmente, o tal hotelzinho era na Rua Leôncio de Carvalho, no início da Avenida Paulista, super bem localizado; e o fato de não servir refeições não tinha o menor problema, porque vários bares por perto e logo na esquina tinha uma padaria. E não era caro, não... Só tinha uma coisa: eu tinha que pagar em dia, nada de atraso. Um mês adiantado. Tudo bem. No Rio, quando morava com meus pais, eu tinha feito umas economias dando aulas de violão e trabalhando de vez em quando em escolas particulares, como professor de música. Nunca fui de grandes gastos — viagens, roupas, nada disso, minha festa é modesta.

Foi engraçado morar a dois passos da Paulista — um símbolo da riqueza de São Paulo, desde o tempo dos barões do café —, mas numa pensão simples, comandada por uma mulher que morava com os dois filhos pequenos. Meu quarto era minúsculo, no fim do corredor. Só cabia uma cama de solteiro e não tinha armário, mas tinha um banheiro próprio, o que já era uma grande coisa.

Era fim de ano quando me mudei pra pensão, uma grande coincidência, porque quando saí da casa dos meus pais pra pensão de Botafogo era fim de ano também. Mas, dessa vez, naquele início de dezembro de 1980, teve um acontecimento que mexeu comigo e com todo mundo. Eu tava deitado na cama ouvindo meu rádio de pilha, logo depois de me mudar, quando escutei a notícia de que John Lennon tinha sido assassinado. *Não é possível, cara!* — pensei. Era possível, sim. Pra essa humanidade perdida, as piores coisas são sempre mais possíveis de acontecer do que as melhores. Senti que o sonho começava a morrer de verdade.

Na região da Paulista existem vários colégios e cursos, e um deles fez uma festa só com músicas dos Beatles, não tô lembrado se foi antes ou depois da morte de John, mas foi uma coincidência terrível! Eu fui a essa festa, e o que me lembro é de que as pessoas que estavam lá eram mais novas do que eu, me senti meio velho, deslocado... E isso acontecia sempre, ou eu era mais novo, como naquela casa do MAU, ou o mais velho, como nessa festa dos Beatles. De qualquer jeito, sempre me sentia deslocado. Tempos depois, li um livro chamado *O homem revoltado*, de Albert Camus, que dizia exatamente isto: "O artista é um deslocado", legal esse Camus.

Do que eu gostei mais na festa foi ver que os Beatles estavam agradando a gente muito mais nova. Os caras já estavam até morrendo, infelizmente, mas a música deles permanecia, cada vez mais viva.

O Bixiga se tornou meu programa de quase todas as noites. Arrumei pra tocar num barzinho lá. Eram apresentações curtas, de mais ou menos meia hora, e fiquei amigo do cara que cuidava do som, Pedro, um português. Depois da minha apresentação de voz e violão tinha uma hora de música gravada pra dançar, e a gente sempre ia beber umas cervejas em outro lugar. O dinheiro que a gente ganhava ia embora na cerveja e no cigarro, mas batemos altos papos.

Pedro era mais novo do que eu, e morava com os pais e a irmã na Avenida Rebouças. Ele e sua pequena família foram muito importantes pra mim em São Paulo, me dedicaram amizade, coisa que não pode faltar na vida. Antes da minha amizade com esses portugueses eu ficava zanzando pelo Bixiga e batendo papo com os músicos que pintavam por lá. Numa dessas conheci um percussionista, um carinha meio louco que andava com uma bolsa cheia de instrumentos e entrava nos bares pra ver se arrumava trabalho. Acho que o encontrei antes do Pedro...

Ele morava no Bixiga com a irmã, que tinha emprego fixo num banco. Entrou no bar onde eu tava fazendo o meu showzinho de voz e violão e começou a tocar bongô; achei legal e passei a andar pra lá e pra cá com o cara. Uma vez saímos pelo Bixiga sem violão e sem bongô. O cara era do interiorzão, acho que de São Paulo, e me disse:

— Vamu vê umas muié.

Quando chegamos em frente a um bar aonde eu nunca tinha ido, vimos duas *muié* com jeito de que estavam a fim de arranjar companhia. Batemos um papinho rápido na porta do bar e entramos, nós quatro. Pedimos cerveja e fomos avançando no papo, até que eu, já bem animado, sugeri que a gente saísse para nos conhecermos melhor num outro lugar. Nessa hora, meu amigo percussionista achou melhor não participar da jogada, e caiu fora. Logo em seguida eu e as duas resolvemos sair também; dei a ideia de a gente pegar um táxi. Já era quase de manhã. Entramos os três no táxi e eu completei:

— Vamos lá pra casa. Eu tô morando num hotel na Paulista. Dá pra gente fazer alguma coisa lá...

As *muié* toparam — devem ter pensado que eu era rico — e seguimos. O dia foi amanhecendo e, ao passar pela esquina da minha rua, vi que a padaria estava abrindo. Resolvi comprar uns sanduíches de queijo pra gente matar a fome, e ainda pedi uma cerveja! Quando entramos na pensão, já havia um certo movimento de hóspedes, e tenho impressão de que a gerente viu a minha entrada com as duas mulheres. Não dei bola. Fomos pro meu quarto, e aí é que as garotas viram que o lugar era mínimo, não tinha nem uma cadeira. Sentamos na cama e começamos as preliminares, mas eu já tava realmente... caído, digamos assim, e não conseguimos fazer muita coisa.

As duas resolveram ir embora; dei pra elas o dinheiro da passagem mais um troco pela companhia, e só. Elas se mandaram e eu caí no sono. Não demorou muito, ouvi baterem na porta; fui abrir, e dei de cara com o marido da gerente, era justamente o dia de ele visitar os filhos. Me disse que eu procurasse a gerente o mais rápido que pudesse: encrenca! Fui dormir de novo, mas ao meio-dia me levantei e fui falar com ela, que, puta da vida, me disse que eu não poderia ter feito o que fiz.

— Mas o que foi, senhora?

— O senhor trouxe duas "pintas brabas" para o seu quarto. É proibido. — Ela falou assim, "pintas brabas", se referindo às *muié* que não ficaram lá nem uma hora, coitadas... E continuou:

— O senhor desrespeitou o regulamento. Tem uma semana pra ir embora. Vou lhe dar uma semana e só.

Fazer o quê? Não tinha nem seis meses que eu estava morando lá. O lugar era legal, mas ficar num quarto de fundos sozinho é dose, mesmo com banheiro particular... Estranho... Eu

Paulo

tinha ido morar naquela pensão, ou hotel, ou sei lá o quê, na semana da morte de John Lennon. Depois, fui expulso por causa das *muié pinta braba*... Não tem nada a ver uma coisa com a outra, mas esses acontecimentos reunidos podem dar assunto pra uma canção!

Comecei a pensar nisso, e viajei no tempo. Fui parar no início da minha adolescência, no Fluminense Futebol Clube, onde eu frequentava aquela festinha domingueira chamada "Sorvete dançante". Tinha sido lá que eu tinha escutado "Help" dos Beatles pela primeira vez, assim que a música foi lançada mundialmente.

Aí, comecei a fazer um rock que chamei de "Sorvete dançante", lembrando o meu emocionante passado ao som dos Beatles em contraste com os dias chatos que estava vivendo em São Paulo: "Hoje, eu sofro pra cachorro, e você não vem!", dizia o refrão. Claro que eu não tava sofrendo "pra cachorro", mas o poeta dramatiza, né? Inventei até uma personagem chamada Maria do Socorro, a quem eu pedia um *help* naquelas horas difíceis... Mais tarde mudei um pouco o final da música, que passou a se chamar "Cachaça dançante", mais de acordo com os novos tempos.

Mas do que eu precisava mesmo era encontrar outro lugar pra morar, antes que a coisa ficasse mais braba ainda. Dei adeus ao quartinho safado, deixando nele, e na canção, as lembranças do passado — o recente e o distante.

20. Encontro com Fernando Pessoa num pedaço de papel

Há males que vem para o bem. É um clichê. E daí? É a pura verdade também. Dois ou três dias depois de ser expulso da primeira pensão onde morei em São Paulo encontrei outra, esta na Alameda Santos, em frente à padaria da esquina da Leôncio de Carvalho. Era uma pensão melhor, o quarto era individual, maior do que o outro, mas sem banheiro particular. Tinha café da manhã, almoço e jantar. Às vezes, a gente precisa passar por uma merda qualquer pra poder melhorar!

É isso aí, cara. Comigo, pelo menos, sempre foi assim. O restaurante da pensão abria só pro almoço e era frequentado por gente que trabalhava na região. O jantar era só pros moradores: tinha uma sopa e mais alguma coisa que sobrava do almoço. Quem quisesse comer tinha que se servir na cozinha. Eu nunca jantei, e o meu café da manhã sempre foi na padaria. Mas o almoço era bem legal.

No início de junho eu tava voltando a dar aulas particulares de violão, até botei anúncio no jornal. Aproveitava o almoço pra puxar conversa com alguém que eu achasse que ia se interessar em aprender a tocar, e foi assim que conheci duas mulheres numa mesa. Uma delas se chamava Aurora, disse que gostava de música e poesia, e senti que ela foi com a minha cara.

A pensão não servia almoço nos fins de semana, e Aurora me chamou pra almoçar naquele sábado, num restaurante ali perto, um restaurante chileno onde um grupo de amigos chilenos e brasileiros se reuniam, sempre aos sábados. O encontro terminava numa festa folclórica com cachaça e música — isso é comigo mesmo!

Foi uma tarde muito legal, serviram umas cachaças chilenas, uns caras cantaram aquelas músicas lá deles e tudo o mais. No final, Aurora me disse que no sábado seguinte ia dar uma festinha à noite, no apartamento em que morava com uma amiga. Iam fazer uma coisa simples, um encontro de poucas pessoas, pra bater papo, tocar violão e comer "empanadas", só isso. Acontece que na quinta-feira seguinte era o dia do meu aniversário. Ótimo, eu já tinha onde comemorar.

No sábado, lá estava eu no apartamento da Aurora, em Pinheiros, onde encontrei um cara que eu já conhecia da boemia do Bixiga e que tinha sido namorado dela alguns anos antes. Aurora era bem mais velha do que eu, e mais velha do que o cara também, mas não parecia. Era uma figura bonita, que passava muita tranquilidade e sabedoria. Sabia das coisas, pelo lado da poesia, da espiritualidade.

O boêmio do Bixiga era um careca muito simpático que, pelo jeito, tava a fim de namorar a Aurora de novo. Tocava violão também, e teve uma hora em que ficou uma espécie de competição entre nós dois pra ver quem agradava mais à Aurora.

É claro que eu tocava e cantava melhor do que ele, mas também não fiquei me exibindo muito: ia ser ridículo, numa festa tão legal. Botaram uns discos de música brasileira e de música latino-americana, a Aurora se amarrava nisso. E as tais "empanadas"? Só na hora de comer é que foram fritadas e servidas quentinhas, uma maravilha! E já que eu tinha feito aniversário há apenas dois dias, me deram os parabéns. Depois a Aurora, no meio de uma conversa, pegou um guardanapo de papel, escreveu alguma coisa nele e me entregou, dizendo:

— É um presente pra você, um poema de um cara que está fazendo aniversário hoje, mas não está mais neste mundo.

O poema, "Ser grande", era assim:

Para ser grande, sê inteiro.
Nada teu exagera ou exclui.
Sê todo em cada coisa.
Põe quanto és no mínimo que fazes.
Assim em cada lago a lua toda brilha,
Porque alta vive.

O autor é Fernando Pessoa, o maior poeta da língua portuguesa. Gostei muito, mas ao mesmo tempo achei estranho que Aurora tivesse escrito uma coisa tão bonita num guardanapo de papel, fácil de rasgar e perder. Guardei o papel na carteira. Depois, passei a guardá-lo dentro de um caderno onde escrevia minhas letras. O guardanapo nunca se rasgou nem se perdeu. Nunca. Talvez por ser tão frágil, o guardei e conservei muito bem, como se quisesse tê-lo para sempre. Mais tarde, descobri que Fernando Pessoa também escrevia seus poemas, muitas vezes, num pedaço de papel qualquer, e concluí que Aurora quis fazer exatamente como ele fazia.

A vida vai se modificando, os anos se passando, e nunca mais vi Aurora. Um dia, encontrei o boêmio careca e ele me disse que Aurora tinha morrido. Ela sofria do coração, e morreu justamente num mês de junho, um dia depois do aniversário de Fernando Pessoa.

Não sei o que existe — ou não — após a morte. Nem quero saber tão cedo... Mas gosto de imaginar que os dois devem ter feito uma grande festa lá no outro mundo. Foi por causa de Aurora, e do poema que ela me deu de presente, que eu passei a conhecer Fernando Pessoa. Obrigado, Aurora, obrigado, Pessoa. Um dia, quando eu estiver vivendo como vocês, na altura da lua toda brilhante, a gente vai se encontrar pra comemorar mais um aniversário.

21. Garota-cabeça num beijo de cinema

Eu tava precisando de grana, e viver só de aula particular de violão não tava dando. Já que o poeta M.C. era o maioral da Cultura da cidade de São Paulo, tive que dar um toque nele pra me arranjar uns shows com patrocínio da prefeitura. Foi assim que eu fiz um showzinho aqui, outro ali, e fui conhecendo bairros e regiões distantes do centro. Quando não estava fazendo shows de voz e violão, cantando músicas minhas e de autores conhecidos da MPB, sempre me encontrava com meu amigo Pedro.

Nossa amizade foi ficando forte, a gente se encontrava até de madrugada pra bater papo, beber cerveja e ver umas "mina" — já não era mais as *muié* — no Bixiga, na Consolação, na Paulista... Meu relacionamento com o poeta M.C. foi esfriando. A parceria musical só existiu de fato enquanto eu tava fazendo as canções do nosso disco que, por sinal, já tava indo pras cucuias.

Mas tem uma coisa que eu ainda não contei, cara... M.C. tinha uma filha única de 18 anos, a garota L., completamente diferente daquela outra, a garota M. do Rio, de Copacabana. L. vivia trancada no quarto estudando violino, era uma garota "cabeça", intelectual, praticamente só saía de casa pra estudar, nunca tinha dado nem uns beijinhos, digamos assim.

Uma vez fui à casa do M.C. num sábado — sem saber que era a última vez que eu ia lá na vida! —, batemos um papo furado e a tal garota tinha falado pro pai que tava a fim de dar uma saída, arejar um pouco as ideias, essas coisas. Aí, o M.C. me disse que queria que eu saísse com ela, talvez por eu ter um jeito meio careta, inspirar confiança... É claro que eu topei. Ia ser só uma saidinha simples, pra jantar num restaurante badalado, onde a garota já tinha ido algumas vezes com os pais e alguns amigos de papo-cabeça.

O poeta até colaborou, deu uma grana pro táxi e tudo mais, e lá fomos nós, eu e L., pro nosso jantar. Quando chegamos o tal restaurante ainda estava meio vazio, mas costumava ficar cheio depois do horário das peças dos teatros. Eu tava realmente gostando de estar ali com L., garota uns dez anos mais nova, filha de um cara vinte anos mais velho do que eu, quer dizer, uma espécie de irmãzinha pela qual, naquela hora, eu era o responsável...

A noite tava só começando e, antes do jantar, pedimos umas caipirinhas. Jantamos, e a noite foi esquentando... Conversamos sobre música, vida, arte, nossos pais, e mais caipirinha... Teve uma hora que não deu mais pra segurar e, além das palavras, rolou um beijo na boca, chupado, total! A garota L. de Sampa não era tão diferente assim da garota M. de Copacabana... No fundo, o fogo é igual. Pagamos a conta e eu peguei um táxi pra levar L. em casa, mas no caminho foi rolando mais e mais tesão, e beijos, e tudo... Até que resolvemos parar na Rua Augusta e dar um tempo num lugarzinho onde a gente pudesse ficar a sós, mais à vontade...

A noite virou madrugada, e a garota começou a ficar preocupada:

— Minha mãe, a essa hora, já deve estar muito nervosa...

O dia estava raiando quando pegamos outro táxi e, ao chegarmos à casa de L., saltei do carro pra me despedir. A despedida foi um beijo de cinema pra ninguém botar defeito, mas alguém botou defeito, sim: a mãe dela estava na janela de casa assistindo a cena e a coisa ficou feia pro nosso lado.

No outro dia, recebi um telefonema do poeta M.C.:

— Olha, é melhor você esquecer o que aconteceu e não procurar mais minha filha. Ela, aliás, já chegou à conclusão de que aquilo tudo foi uma bobagem!

— É... Mas... Foi uma coisa espontânea — eu disse, tentando aliviar a barra.

— Fique longe da minha filha! — ele retrucou. E bateu o telefone.

Fazer o quê? Como disse Vinícius de Moraes, foi eterno enquanto durou: uma noite apenas. Mas eu fui o primeiro, cara!

Continuei fazendo meus showzinhos de voz e violão, me encontrando com o Pedro no Bixiga, Consolação, Paulista... Depois do caso com L. o disco estava ficando cada vez mais impossível, mas não só por causa disso: meu parceiro já estava achando que o tal jornalista metido a produtor queria mesmo era arrancar uma grana dele... Até certo ponto, nada mais justo, mas na verdade M.C., com seu cargo importante na prefeitura, estava com medo de ser chantageado por políticos e outras figuras — o tal jornalista incluído — pra não ser publicamente acusado de corrupto... Só por causa de um disco? Um mísero LP? No final das contas, quem ia se ferrar era eu!

Foi aí que surgiu a ideia de ele me arrumar um emprego na prefeitura, uma coisa discreta que todos os políticos e governantes faziam e que não ia atrair tantas suspeitas quanto um LP. Achei bom, porque já tava começando a sentir um pouco de medo de não ter mais shows pra fazer. Foi uma maneira que ele encontrou pra eu não perturbá-lo mais com aquele negócio de disco.

Eu ainda tinha um show a ser feito na programação da prefeitura, e precisava de uns músicos pra me acompanhar. Já bastava de voz e violão. Comecei a pensar nesse novo show enquanto bebia cerveja num bar em frente à Praça Osvaldo Cruz.

22. Olga, a comunista do amor livre

O bar era numa esquina em frente à praça, um lugar bem movimentado durante o dia, mas à medida que a noite avançava ia ficando mais ou menos calmo. Eu só bebia cerveja e, quando fazia frio, bebia cerveja também, só que tirada diretamente do engradado, sem passar pelo freezer. Não me lembro se foi numa dessas noites frias, ou mais ou menos frias, que ela apareceu no bar pra comprar cigarros.

Era uma moça muito branca, de cabelos alourados bem curtos, seios fartos debaixo de uma blusa branca, saia branca batendo no meio das canelas, sandálias daquelas que os hippies usavam nos anos de paz e amor, uma bolsa grande de couro... E o mais importante: os pequenos olhos azuis.

Foi o que mais me chamou a atenção: os olhos azuis. Tive a impressão de que não era brasileira, uma mulher de seus vinte e poucos anos, estatura média, nem gorda nem magra. Quando pediu os cigarros, tive certeza de que não era mesmo. Acho que foi por causa do cigarro que eu puxei papo. Eu também fumava.

Ela foi simpática e falou qualquer coisa a respeito de cigarros. Confirmei que ela era diferente, porque em Sampa não era muito comum mulheres darem conversa pra qualquer um, principalmente num balcão de bar.

— Um copo de cerveja? — ofereci .

— Um copinho só, porque tenho que trabalhar esta noite, revelar umas fotos. Sou fotógrafa de um pequeno jornal.

— Sou compositor e cantor, do Rio de Janeiro.

Ela adorou! Já tinha morado no Rio, e adorado a cidade.

— Sou da Alemanha — ela emendou.

Uma alemã com alma carioca: por isso é que a gente tinha se encontrado! Eu disse que ia fazer um show num lugar onde, antigamente, havia um gasômetro, a Casa das Retortas — nome estranho —, um novo espaço cultural de Sampa.

— Tô a fim de fotografar o meu show... De repente, será que você poderia... — insinuei, enquanto levantava a mão e pedia outra cerveja. Ela sacou um cartãozinho da bolsa e falou que tinha que ir embora. Mandou eu ligar, pra gente combinar. Disse que morava na Paulista, na casa de um casal amigo. Olhei no cartão e lá estava: Helga Werner. E ela, já se mandando, arrematou com sua carioquice de sotaque alemão:

— Ô, meu amigo, pode me chamar de Olga. Tchau, me liga...

E lá se foi a Helga, quer dizer, Olga, minha nova amiga. Bebi mais uma cerveja, nem de leve imaginando o que poderia acontecer. São Paulo é incrível! Eu tinha ficado amigo de um português, conhecido uma alemã num boteco... no Rio, não tava habituado a encontrar imigrantes. O que mais faltava? Uma italiana? Uma japonesa? Em matéria de fetiche sexual, eu tinha preferência pelas japonesas... Mas não tava a fim de ficar pensando nisso naquela hora. Tem hora pra tudo.

O negócio agora era fazer o roteiro do meu show e começar logo a ensaiar com o percussionista e um guitarrista do Bixiga que o Pedro conhecia. Pedro ia fazer o som do show e, agora, eu tinha uma bela fotógrafa pra registrar tudo, com certeza. Dormi naquela noite numa boa. No outro dia à tarde liguei pra Olga e combinei de a gente se encontrar à noite. Ela não podia, tinha que entregar umas fotos não sei onde; então marcamos na sexta, numa lanchonete da Brigadeiro Luis Antônio, quase esquina da Paulista.

Quando nos encontramos na lanchonete, parecia que já nos conhecíamos há séculos! Acho até legal pensar nessa coisa de que algumas pessoas realmente já se conhecem de outras vidas, ou de outras mortes, não sei... Conversei com ela sobre o meu show, e ela aceitou fotografar sem cobrar nada. Eu só ia ter que pagar os filmes. Tudo bem, mas Olga me contou que era comunista, estava no Brasil trabalhando para um jornal ligado ao "partidão", como era chamado o partido comunista brasileiro. Naquela época, ser comunista era a maior barra-pesada, dava cana, porrada, morte e o escambau...

Esse pessoal comunista ou socialista — os que ainda estavam vivos, claro — vivia na encolha, na clandestinidade, não podia aparecer. Olga, além disso, era estrangeira! E eu pensando que a gata era *hippie*... Pois ela não era uma comunista comum, era meio comunista, meio *hippie*; era estradeira, gostava de viajar, curtir a vida. E gostava de ir contra as coisas velhas, ultrapassadas, até mesmo contra o próprio partido comunista, que era muito atrasado em algumas coisas, como juventude, arte, sentimento, sexo...

Olga estava morando no apartamento do diretor do jornal em que ela trabalhava, também comunista, claro, ele e a mulher. Bebemos umas cervejas, o clima foi esquentando, e ela me chamou pra ir até o apartamento.

— Poxa, Olga... Mas isso não vai dar merda?

— Não, meu amigo. Eles estão viajando, foram pra Santos e só voltam no domingo. A gente vai ficar sozinho lá. Pode crer!

— Então, tá. Vamos levar umas cervejinhas.

Saímos da lanchonete com três cervejas e muita vontade de continuar "conversando" até o dia seguinte.

O apartamento era bem legal, em plena Avenida Paulista, perto da Brigadeiro. O cara era comunista, mas morava muito bem, tipo meio "burguês". Botamos duas cervejas na geladeira e abrimos logo uma pra comemorar nossa amizade. Sentamos no sofá da sala e fomos falando qualquer coisa que vinha à cabeça, sobre música, viagens e tudo mais.

No meio da conversa, rolou aquele beijo. Depois, minhas mãos nervosas já começaram a procurar lugares macios pra estacionar no corpo branco de Olga. Ela viu logo que eu não tava aguentando mais, e fez a proposta;
— Vamos pro quarto que lá tem cama de casal.
— Mas não é o quarto do seu chefe e da mulher dele? — Eu tava pensando que a gente ia ficar no sofá mesmo.
— É, mas eu costumo dormir lá às vezes, quando eles estão viajando. A diferença é que agora você vai ficar lá comigo...
— Olha lá, Olga...
— Não tem perigo. Eles só voltam domingo.
— Então, tá — concordei.
Acabamos de beber a cervejinha e fomos pro quarto. A cama do casal era bem confortável, espaçosa, lençóis brancos, travesseiros fofos... Tiramos a roupa, deitamos, e começamos a nossa revolução sexual. Foi um ato mais ou menos rápido, porque já estávamos um pouco cansados, essa é a verdade. Adormecemos.
Senti que Olga levantou da cama de repente. Perguntei o que era, e ela disse que tinha ouvido o interfone tocar na cozinha. Foi atender nua, e voltou com cara de espanto, mas mantendo a calma.

— O porteiro disse que eles chegaram. Entraram na garagem e já estão subindo...
Pronto. Deu merda!
— E agora, Olga, o que é que a gente faz? — eu disse, e já fui pulando da cama, procurando calça, cueca...
— Não, não. Fica aí mesmo deitado. Deixa que eu falo com eles. Eles precisam entender que a gente não tá fazendo nada errado. Sexo não é crime!
Deitei de novo, sob o comando dela. Ouvimos a porta da sala se abrindo. Olga se enrolou num lençol e foi falar com o casal; fiquei no quarto, imaginando que aquele não era um final muito bom pra uma noite legal como tinha sido a nossa. Cheguei a ouvir uma certa discussão na sala, seguida de um silêncio estranho. Olga voltou logo pro quarto dizendo que estava tudo bem,

eles tinham voltado mais cedo por um motivo qualquer. Mas era melhor eu ir embora e ligar pra ela mais tarde.

Finalmente, vesti a calça, calcei os sapatos... e, na pressa, esqueci a cueca. Por coincidência ou trauma, numa mais usei cueca. Pra sair do apartamento, eu tinha que passar pela sala, mas estava com vergonha de dar de cara com os donos do apê. Olga me tranquilizou, dizendo que eles estavam na cozinha tomando café. Me despedi da minha amiga, atravessei a sala com um certo receio, abri a porta e me mandei rapidinho do local, que era perto de onde eu morava, bem perto mesmo.

Já no meu quarto de pensão, pensei que aquela historinha que tinha acabado de acontecer podia render uma música, uma letra... Eu sempre pensava em transformar em canção as coisas que aconteciam comigo, não todas, só as melhores ou mais inusitadas, como aquela noite que tinha terminado com um tremendo flagrante. Pensando nisso, dormi de novo e não fiz música nenhuma; um dia, certamente, farei. Era sábado, e eu tinha que ensaiar mais tarde na Bela Vista, na casa do cara da percussão, onde também estariam Pedro e o guitarrista.

À noite, antes de ir pro ensaio, liguei pra Olga pra saber como estavam as coisas. Ela respondeu: "mais ou menos..." Depois é que me toquei que a maior preocupação do dono do apê, chefe da Olga, é que eu podia ser um perigo pra eles, podia ser um agente federal disfarçado ou amigo de alguém da repressão... Conclusão: eu poderia entregar o casal — e a Olga também! — pros milicos da ditadura. Ela disse que eu não devia esquentar a cabeça com isso, porque, desde que a gente se conheceu, ela sabia que eu não tava a fim de fazer mal nenhum a ela, nem a ninguém — o que quer dizer, no final das contas, que de acordo com os que agitavam na política, eu era um alienado, mesmo... Eu só tinha que comprar os filmes pra fazer as fotos do show. No dia marcado, a gente ia se encontrar.

Fui pro ensaio na boa, mas ainda um pouco grilado com a situação da véspera, não por mim, que eu não tava nem aí pro que pensavam de mim, mas por ela. Durante a semana ainda ensaiamos mais duas vezes, eu e os dois músicos. O show ia ser no domingo à tarde, na tal Casa das Retortas, no bairro do Brás, no centro.

Chegou o dia. Encontrei a turma no centro mesmo, não me lembro onde. Eu tinha medo de que alguém furasse, mas apareceu todo mundo: o percussionista, o guitarrista, Pedro e Olga. Fomos pro local do show. Entreguei os rolinhos de filme pra Olga e perguntei se tava tudo bem, pensando logicamente naquela história que tinha acontecido. Ela, super alegre, falou que tava tudo bem, que eu devia pensar somente no show. Disse que tava me achando muito preocupado, pra baixo, e que isso era caretice. Os amigos dela do Rio, quando iam tocar ou ouvir algum som, iam sempre cheios de alegria e felicidade. Aí eu tentei levantar o meu astral, achando que estava só com aquela preocupação de quem vai entrar em cena.

— É normal — eu disse pra ela, disfarçando que, lá no fundo, ainda estava mesmo com o pensamento no flagrante do apê. Mas, bobagem! Chegamos ao local do show, testamos o som, o público chegou, tocamos... Olga tirou um montão de fotos, e a noite já tinha baixado quando a gente foi embora pra casa. Como diria o velho Vigilante Rodoviário: "Missão cumprida!"

Uma semana depois, Olga me entregou os contatos das fotos pra gente escolher quais seriam aproveitadas e ampliadas. Escolhi algumas, devolvi pra ela o papel dos contatos e, em troca, ela me deu uma foto grande que não tinha nada a ver com o show, dizendo que era um presente pra mim. Era uma foto em preto e branco de umas crianças negras sorridentes, superfelizes, num lugar que parecia uma favela. No verso da foto, Olga escreveu: "Os meninos do morro, cheios de alegria, se negam ao sofrimento/ Os meninos do morro são a esperança da nossa vida/ a força dos nossos corações/ Os meninos do morro viverão amanhã os nossos sonhos de hoje, de uma vida melhor. Pro meu amigo, com carinho da HELGA."

Em vez de Olga ela assinou o nome dela mesmo, em letras maiúsculas: da letra G fez uma foice, desenhou um martelo e, acima, uma estrela solta. A foice e o martelo são o símbolo do partido comunista, isso eu já sabia, mas, e a estrela? Fiquei de comprar o papel fotográfico pra ela trabalhar nas fotos do show. A semana foi passando, comprei o tal papel e liguei pra ela, que me surpreendeu, dizendo que estava de partida pro Rio:

— São Paulo é muito careta! — disse, e me deu o endereço no Rio pra onde eu deveria mandar o papel.

— Mas, e o jornal? — perguntei.

Ela respondeu que não trabalhava mais no jornal. Só isso: não trabalhava mais lá. Na hora, me veio à cabeça a cena: nós dois na cama, Olga se levantando pra atender o interfone, o casal chegando de repente, a discussão rápida na sala... Sempre achei que aquilo podia dar merda, apesar de ter sido muito bom, claro. Foi um tremendo "flagra", como diria Rita Lee. Mas parecia que ela queria desafiar o cara, me levando pro apê dele e deitando comigo na cama do casal.

Me despedi, fiquei de me encontrar com ela no Rio, no fim do ano. Alguns dias depois, mandei o papel fotográfico pelo Correio. Mais alguns dias se passaram e chegou uma carta do Rio de Janeiro. Era Olga, dizendo que ainda não tinha recebido o papel. Fiquei puto da vida, *então me roubaram, desviaram a correspondência*, foi o que pensei. E pensei mais, já na paranoia política: *Será que os "hômi" da polícia federal, quando viram que aquilo era para Olga Werner, abriram a caixa pra ver se tinha alguma coisa do partido comunista, fotos, documentos? Era bem possível.*

Naquela altura, Olga já devia ser uma pessoa fichada como "subversiva", a serviço do partido comunista. Mas a coisa não parou por aí. Além de dizer que não tinha recebido o papel, Olga escreveu que... ia voltar pra Alemanha! Estava só dando um tempo no Rio e, em uma ou duas semanas, ia pegar um navio cargueiro rumo à Europa. Aí, cara, além de puto, fiquei triste. Mas sabe o que eu fiz? Deixei pra lá as fotos, não comprei mais papel fotográfico porra nenhuma, juntei minhas economias e fui pro Rio naquele fim de semana mesmo, pra ficar na casa do meu amigo Zé Campos.

Encontrei Olga no bairro da Glória, na Zona Sul do Rio. Como antes, ela estava hospedada na casa de um casal amigo. Não sei se esse casal também era do partido comunista, Olga não disse nada e eu não perguntei. O papo agora era outro: fazer uma festa. O casal do Rio era bem diferente do de São Paulo, Olga me garantiu isso. A festa ia ser a despedida dela do Brasil, e foi mesmo, com muita alegria, cervejas, caipirinha e música. Toquei violão e tudo. Quase de manhã, eu e Olga fomos para o quarto, que tinha duas camas. Juntamos as duas, e desta vez fizemos amor sem sustos, interfone, flagrante ou caretice.

Foi assim que me despedi de Olga. Do show que ela fotografou, fiquei só com as folhas dos contatos. Apesar do pequeno tamanho das imagens, dá pra ver os músicos que me acompanharam, meu amigo Pedro no som, eu cantando e tocando violão. Guardei com carinho especial a foto dos meninos do morro e, no verso, a dedicatória com a assinatura desenhada, foice, martelo, e uma estrela que não tem nada a ver com partido político nenhum, nada a ver com o que é partido. Tem a ver só com Olga, estrela da vida inteira, estrela de amor. Livre!

23. Sobrevoando a morte, o adeus ao LP e a Elis

M.C., meu parceiro, o (ex)poeta que não escreveu mais nada depois que virou um cara importante na prefeitura, me arrumou um emprego lá. Fui contratado e comecei a trabalhar numa coisa que não tinha nada a ver comigo, mas, ao mesmo tempo, tinha. Explico: não tinha, porque era um departamento que cuidava de museus e coisas desse tipo; e tinha, porque o serviço não ia me exigir muito, e eu ia poder continuar a compor canções, sonhar... e voar!

Meu trabalho era no centro de São Paulo, no início da Avenida São João, entre São Bento e Líbero Badaró, num prédio que já tinha sido o maior da América Latina, o Martinelli. O melhor de tudo era que o lugar não era um escritório burocrático, fechado. Se fosse, acho que eu teria me suicidado... Eu trabalhava no terraço, no vigésimo sexto andar, com varandas por todos os lados e uma visão panorâmica da megacidade de São Paulo.

Quando eu enchia o saco de ficar na minha sala, se não estivesse chovendo muito, ia passear pelas varandas. Andava de um lado pro outro, parando de vez em quando pra olhar aquela cidade estranha, sem morro e sem mar. Muitas vezes, meu olhar se lançou no horizonte, sobrevoando a cidade, e viajei como se estivesse numa máquina virtual que ainda nem existia, e que me permitia planar sobre qualquer lugar do mundo, visualizando seus prédios, ruas, geografia... Uma vez, sobrevoei o centro da cidade e fui na direção norte até Santana. De lá, alcancei o Pico do Jaraguá, na Serra da Cantareira, onde encontrei o Nacional Kid, um super-herói japonês da minha infância. Da Serra da Cantareira voei pra Niterói, cidade onde nasci, e vi a mim mesmo criança, numa velha barca da Companhia Cantareira, indo ao Rio visitar Chiquita Lelé, minha tia-bisavó.

No meio da baía de Guanabara, cheia de golfinhos felizes, começou o tumulto entre os passageiros: "O circo pegou fogo! O circo pegou fogo!" Da barca, dava pra ver as grossas colunas de fumaça do incêndio do Gran Circo Norte-Americano na matinê de domingo, 17 de dezembro de 1961. Foi a maior tragédia brasileira, a maior tragédia circense da história, mais de quinhentos mortos, a maioria crianças — o verdadeiro circo dos horrores. Eu poderia ter morrido lá também, aos nove anos de idade, com meu pai e alguns irmãos!

Naquela manhã, sob o sol escaldante, indo da Rua São Sebastião, do Edifício dos Bancários, onde morávamos, à Praia de Icaraí, eu tinha ficado louco quando vi passar o alegre cortejo de animais, palhaços e malabaristas sobre pernas-de-pau, e insistido muito com meu pai pra me levar ao circo, no centro de Niterói, na sessão das 14:30. Mas nós tínhamos que ficar em casa depois do almoço, esperando o fotógrafo que mamãe tinha chamado pra tirar fotos da família. O maldito/ bendito fotógrafo não chegava nunca, quase saímos pro circo, achando que ele não vinha mais. Quando ele finalmente chegou, meu pai decidiu:

— O circo fica pro próximo domingo.

Mamãe emendou:

— Então, depois das fotos, vamos ao Rio visitar a Chiquita.

E assim perdemos o espetáculo mais triste da terra... graças aos deuses da fotografia! E o sonho terminou. Quando acordei, estava na cama, no meu quarto de pensão. Já eram mais de dez da noite e me deu vontade de fumar, mas meus cigarros tinham acabado. Olhei pela janela e vi que a padaria, que fechava às dez, estranhamente ainda estava aberta. Que sorte! Era só atravessar a rua. Entrei na padaria, vazia, sem freguês nenhum, e vi que o português, um dos donos do estabelecimento, estava dentro da cabine do caixa, onde ficavam os cigarros.

Pedi um maço, mas ele fez um sinal negativo com a cabeça. Sacanagem desse português! Eu tava vendo o cigarro lá! Insisti, e ele continuou fazendo sinais com a cabeça, arregalando os olhos, mas, ao mesmo tempo, tirando dinheiro do caixa e botando pra baixo, como se estivesse jogando num saco.

Porra! Que merda é essa? Cadê o meu cigarro? De repente, a portinhola da cabine se abriu, e lá de dentro saiu um cara estranho. O sujeito saiu meio abaixado, porque só dava pra passar abaixado pela portinhola da cabine; e eu bem em frente, com cara de babaca, não entendendo merda nenhuma, até que, finalmente, entendi: a padaria estava sendo assaltada!

O cara abaixado bem na minha frente estava com um revólver na mão direita e um saco de supermercado na outra. Quando me viu, apontou a arma pra mim. Não falei nada, nem me mexi. Fiquei parado, feito uma estátua. Aí, num segundo, o ladrão virou a cara pro outro lado como se tivesse desistido de atirar, ficou de pé e saiu correndo pela rua na contramão do trânsito. O cara desistiu de me matar! Se tivesse atirado, teria acertado na minha barriga, no peito, no pescoço, debaixo do queixo, sei lá. Será que eu tinha ficado transparente? Ou será que o ladrão, vendo a minha cara, achou que não valia a pena me matar? Acho que uma coisa assim só existe em comédia do cinema mudo... Mas só fui pensar nisso muito depois, claro.

Depois de ter escapado da morte, fiquei ali parado alguns minutos e, enquanto isso, o português saiu da cabine e correu pra rua também, atrás do ladrão. Como é que pode, cara?! Algum cúmplice do ladrão podia estar na esquina dando cobertura a ele e atirar! Só pra encerrar a comédia — que poderia ter sido tragédia —, ainda fiquei mais um tempo na padaria esperando o português voltar, e ainda fiz questão de comprar o cigarro. Isso bem que daria um filme comercial pra TV, com o seguinte texto: "Nada vai te impedir de fumar o cigarro Tal, nem assalto à padaria da esquina". E num clima de humor negro, encerraria assim:

"Fume o cigarro Tal. Você não vai morrer de tiro. Só de câncer."
Hahaha...

Numa manhã, eu tava no meu quarto ouvindo rádio, como
sempre fazia antes de ir pro trabalho, quando uma servente da
pensão veio me avisar que alguém estava na porta, esperando pra
falar comigo. Perguntei como era a figura, e a nordestina me disse
que o cara tava de terno preto e era da "perfeitura". Entendi. Mas
que diabos alguém da prefeitura estaria fazendo lá àquela hora?
Fui até a porta. O sujeito era motorista da prefeitura, me disse que
estava ali a mando do Dr. M.C. e que eu deveria entregar a ele as
fitas de gravação que estavam comigo, as fitas do disco. Disse que
tinha ordens pra não sair dali sem elas.

Falei pra esperar e fui ao meu quarto pegar as fitas, grilado,
achando que aquilo era uma tremenda violência, praticamente
um sequestro. Por que o M.C. não me avisou nada, resolveu agir
assim, de surpresa? Não era um trabalho só dele, ele pagara a produção do disco, tudo bem, mas o trabalho de produção era meu e
as músicas gravadas eram nossas. Eu tinha direitos sobre aquilo,
mas não tava a fim de criar caso àquela hora. Peguei as fitas e entreguei pro motorista.

O carro preto oficial estava parado um pouco mais à frente
da pensão, o que me fez pensar que M.C. estava lá, mas não queria
falar comigo. Eu também não quis falar com ele, falaria depois. Sacanagem! Passado algum tempo, comecei a achar que era melhor
mesmo as fitas ficarem com ele, seria mais seguro, talvez. Mas,
ao mesmo tempo, já que ele não ligou mais pra mim, pensei que
ele tava achando que a qualquer momento eu ia sacaneá-lo, fazer
uma chantagem contra ele, qualquer coisa desse tipo, só porque
ele era do governo municipal. Ele pode ter pensado também que
eu estava a fim de me juntar com aquele jornalista que ia fazer a
produção do disco e tentar arrancar uma grana dele, ameaçando
com algum escândalo de corrupção, sei lá, essas coisas que vivem
acontecendo nos podres poderes.

Aliás, o que tinha de corrupto e safado naqueles governos
— e na oposição também — não era mole, e até hoje, é uma mer-

da que não para mais. Mas quem ia se foder era eu. Foi aí que caí na real, e tive certeza de que o meu sonhado LP não ia sair nunca. Tantas músicas boas! Tantos músicos feras! Tudo isso estava indo pra vala, meu amigo, pra v-a-l-a, vala!

Ainda falei mais uma ou duas vezes com o M.C., mas a verdade é que desanimei, enchi o saco, deixei pra lá! Às vezes, a gente tem que fazer assim também, nem tudo são sonhos e flores. O importante é ir em frente e construir novos sonhos, apesar de tudo.

Noutra manhã no meu quarto, ouvindo rádio antes de ir pro trabalho, escutei a notícia da morte de Elis Regina. Poxa vida! Quando eu cheguei por aqui, morreu John Lennon. Agora, janeiro de 1982, era a Elis. A bruxa estava à solta, em Nova York e em São Paulo... John tinha sido assassinado por um fã; Elis, tomando uísque com cocaína. No fundo, eu ainda tinha o sonho de ter uma música gravada por ela... Depois que o meu LP fosse lançado, eu mandaria um disco pra ela, e tinha certeza de que ela ia gostar; pelo menos, daquela música em que o Raphael Rabello gravou o violão, com os Cariocas...

Não ia ter mais LP e Elis tinha morrido de uma maneira muito chocante. Barra-pesada, cara! É muita barra pra um compositor só! Elis era uma lançadora natural de compositores novos. Quem ela gravava se dava bem, começando pelo Aldir Blanc, sem contar os velhos compositores que ela regravou. A vida nos deixa loucos! Lembrei aquele dia em que estive com ela no camarim do teatro... do baterista doidão... Adeus, Elis. Valeu!

Quando fui pro trabalho, passei em frente ao Teatro Brigadeiro, onde o corpo de Elis ia ser velado. Já tinha uma fila enorme de gente querendo se despedir da estrela. De tarde, lá do alto do Martinelli, olhando a cidade, me deu vontade de voltar pro Rio e começar tudo de novo, mas ainda não era a hora. Acontece que eu gostava de São Paulo, tinha um amigo, o Pedro, com quem eu sempre conversava... Pedro, aliás, tinha arrumado emprego numa firma de informática e ganhava salário fixo todo mês, não fazia mais som nos bares do Bixiga. Nem podia fazer, porque ficava no trabalho até depois da meia-noite.

Muitas vezes, eu ia pra um bar qualquer, ligava de lá pra ele e ele vinha me encontrar onde quer que fosse, à hora que fosse. Isso foi uma coisa muito importante. A amizade do Pedro segurou o meu astral, não me deixou cair em depressão por causa do fracasso do meu primeiro disco. Olhando São Paulo do meu observatório no alto do Martinelli eu me sentia só, e um pouco triste. Mas pensando melhor, me sentia também um pássaro enorme, uma águia pronta pra voar novamente.

24. Deixa a vida me dizer

Era junho de 1982 e eu tava fazendo trinta anos. Ficando velho, cara! Marquei a comemoração do meu aniversário num restaurante árabe, numa travessa da Paulista. Quem ia? Meu amigo Pedro, a namorada dele, chamada Yramaya — uma paulistana apelidada de Yayá — e a irmã, uma portuguesinha bonita que eu só chamava de "Menina-de-trás-os-montes". Yayá gostava de fotografar tudo, mas não era profissional como Olga. Aliás, teria sido legal se Olga estivesse com a gente, mas ela naquele dia estava dentro de um navio cargueiro, cruzando os mares de volta à Europa. Tava fazendo um frio dos diabos naquele mês. E por falar em diabo, a gente sempre pensa que o inferno é um forno, as labaredas queimando tudo... Mas Zé do Caixão, um dos meus personagens preferidos, fez um filme retratando o inferno como uma grande geleira, um inferno de gelo, muito louco, cara... Mas eu tava falando do meu aniversário, pô!

Era sexta-feira, e eu caminhava pela Paulista tarde da noite em direção ao árabe, atravessando a neblina que não deixava enxergar dois palmos adiante do nariz, pensando que, mesmo não tendo alcançado resultados concretos do meu trabalho musical, vivera momentos importantes pra minha vida, no Rio e em São Paulo. "A vida é feita de momentos", disse o escritor argentino

Jorge Luis Borges. Também acho. E aquele momento do meu aniversário com meus amigos era muito importante pra mim. A amizade talvez seja a coisa mais importante da vida de todo mundo, às vezes mais do que os laços familiares, mais do que o amor. Eu tava aprendendo isso, cara, pra não esquecer nunca mais. A amizade te dá forças pra caminhar, ir em frente, assim como eu tava fazendo naquela noite na Paulista.

Quando cheguei ao árabe, Yayá e a Menina já estavam lá. Pedro ainda estava no trabalho, mas ia chegar logo. Enquanto isso, bebemos cerveja pra começar a festa. Pedro chegou, pedimos mais cerveja, quibes e esfihas. O árabe era muito bom, algumas vezes eu tinha ido lá sozinho e nunca me arrependi. Fizemos um belo brinde e conversamos por mais uma hora, mas chegou a madrugada e a Menina teve que ir embora: não era boêmia feito o irmão, e seus pais a esperavam em casa. Pedro costumava chegar só de manhã, isso, quando chegava! Depois, foi a vez de Yayá ir embora; tinha acordado cedo e estava bem cansada. Fiquei com o Pedro mais um tempo e depois fomos pra outro bar. Já era a madrugada de sábado e a gente queria comemorar um pouco mais, conhecer umas garotas, talvez...

Nosso encontro no árabe foi legal, mas não teve nenhuma foto. A máquina de Yayá estava no conserto e não havia outra pra substituí-la. Quando eu e Pedro já estávamos num bar da Consolação, bebendo a trigésima cerveja, começamos a pensar futuristicamente: como seria bom se existissem minimáquinas fotográficas que todo mundo pudesse levar pra todos os lugares... Poderiam existir também telefones de bolso, pra gente se comunicar com os amigos na hora em que quisesse, e — olha só que espetáculo — tirar fotos! Um dia, a gente ainda chegaria lá...

De repente — milagres acontecem —, apareceu no bar um cara com uma câmera, e em troca de uma cerveja tirou uma foto nossa — eu e Pedro numa felicidade só. E a festa continuou.

Na segunda-feira, voltei à minha rotina. Trabalho sem graça... Me lembrei de uma coisa: em Sampa, durante muito tempo, eu não tinha assistido TV, só ouvia o meu rádio de pilha. Mas participei de alguns programas de televisão, na Gazeta e na Record, cantando músicas do meu ex-futuro disco, fui até reconhecido por algumas pessoas na Avenida Paulista, cara! Fiz também um especial, só meu, de voz e violão na Rádio Eldorado, além dos shows. Nada mal pra quem tava começando, né?

Enquanto eu esperava pelo meu disco, que já tinha fugido das minhas mãos, o que eu mais gostava de fazer era encontrar o Pedro nas madrugadas, beber, conhecer garotas, ouvir todo tipo de música, ter ideias, compor. E continuar sonhando. Até que um dia, Pedro me disse que ia voltar pra Portugal. A família dele não estava mais conseguindo viver no Brasil: com a inflação muito alta, estavam passando por dificuldades financeiras. Eles tinham uma propriedade, uma "quinta" em Portugal, e era melhor voltar pra lá do que ficar no Brasil esperando sabe-se lá o quê.

Em pouco mais de um mês, eu já não tinha amigos pra comemorar mais nada. Pedro ainda me mandou uma carta da aldeia onde ele, seus pais e a Menina tinham ido morar e trabalhar. Eles estavam bem, recomeçando a vida. Entendi que iam ficar em Portugal pra sempre... e que eu também tinha que recomeçar a vida, já que o meu sonho não existia mais.

Mas, peraí, cara. Mal ou bem, eu ainda tinha o meu emprego... até quando? Esse era o problema. Um dia, o M.C. ia ter que deixar a prefeitura — afinal, os governos passam e a merda continua, né? — e eu não tava mais a fim de ficar apelando pra ele, nem pra ninguém. Já bastava! Resolvi deixar de pensar nessas coisas e levar a vida até que a própria vida me dissesse o que eu tinha que fazer.

25. O império dos sentidos da Avenida Paulista

Nunca dei muita bola pra solidão. Na verdade, cara, sempre aproveitei a solidão pra fazer um monte de coisas, até pra ficar só olhando pro teto sem fazer nada. A solidão tem seu valor. Uma vez, fiz uma música dizendo que queria estar só, "*I want to be alone*", onde foi mesmo que ouvi isso?

Parece frescura, e até pode ser, mas no meu caso era só necessidade de me encontrar comigo, com meus pensamentos e sentimentos. Todo mundo precisa disso de vez em quando, senão o mundo te engole e você fica sem saber quem é!

Mas, ao mesmo tempo que eu gostava da solidão, também gostava de ter amigos pra conversar, sair, beber, comemorar... E se eu não tivesse mais esses amigos? Ia ficar enfurnado em casa o tempo todo? Claro que não, você não faria isso. Ia sair e fazer as coisas que gosta, pelo menos algumas delas... Foi o que fiz. Continuei saindo pra fazer as coisas de sempre, ir ao cinema, aos shows, beber etc. Mas passei a frequentar lugares diferentes.

Comecei a ir ao cinema pra ver filmes de putaria, ao teatro pra ver peças de putaria, às boates de shows de putaria, aos bares onde as pessoas só falavam de putaria... Quer dizer: minha vida mudou. A vida da gente muda, cara. Os amigos vão embora, as pessoas morrem, os sonhos passam... E, de repente, tudo vira uma tremenda putaria! Mas não tô reclamando, não; tô só contando o que aconteceu comigo. Se a minha vida era um LP, tinha acabado o lado A — de arte, amor, amizade — e eu agora estava no lado B — de bunda, boceta, bacanal... Desculpe, mas é isso aí.

Numa dessas noites que eu tava no meu quarto sem fazer nada, resolvi sair, ir ao Museu de Arte de São Paulo, o MASP, na Avenida Paulista, pra variar um pouco de tanta putaria. Mas não fui lá pra ver exposição de arte, não. Era uma palestra sobre arte e política, uma coisa assim, no fundo, putaria também, mas com outras imagens e palavras. Não fiquei muito tempo lá, era muita bestice pro meu gosto — antes fosse só putaria, sem tanto disfarce. Além disso, tinha muita gente, e eu tava me sentindo mais sozinho do que no meu quarto. Fui embora.

Peguei um ônibus em direção ao Paraíso, e saltei antes do ponto em que devia saltar. Tava a fim de beber umas cervejas. Entrei num bar da Paulista e bebi duas. Saí andando em direção à pensão, mas, no caminho, vi um bar na entrada da galeria de um prédio e parei. O bar tinha mesas na calçada, me sentei e pedi uma cerveja.

Da minha mesa, dava pra ver a galeria comercial. Devia ser dez e pouco da noite, quase não havia movimento. Eu já tava cansado de ficar olhando pra dentro de mim mesmo, e fiquei observando a galeria; de vez em quando, entrava alguém, geralmente um sujeito de terno e gravata, parecendo que ia fazer uma coisa importante, talvez uma reunião de negócios. Mas àquela hora? Às vezes, um sujeito saía, parecendo que estava com pressa de voltar pra casa. Teve uma hora que uma garota passou bem na minha frente e eu achei que a conhecia de algum lugar. Era bonita e discretamente sensual, mas quando entrou na galeria, percebi nela um jeito de olhar e andar que eu já conhecia de outros lugares. Mas eu só estava indo ultimamente a lugares de putaria... Então, era uma garota de putaria... uma puta. Ou será que os meus olhos já estavam vendo putaria em tudo? Chamei o garçom pra pedir mais uma cerveja, e falei com ele:

— Rapaz, aqui tem muitas lojas e escritórios, né?

— Tem.

— Tem algum bar lá dentro? — perguntei, apontando a galeria.

— Não tô sabendo, não...

— É que eu tava vendo um pessoal entrar aqui... parecia que tavam indo pra algum bar...

— Não. Bar, só aqui fora — disse o garçom com firmeza.

Continuei a minha investigação:

— Agora mesmo, passou aqui no meu nariz uma garota que parecia estar indo a uma festa. Gostosa, cara!

— Ah, patrão... Já tô sabendo onde o senhor quer chegar: é na casa de massagem, né?

— Casa de massagem? — falei, em tom de falsa surpresa.

— É. Tem cada mina espetacular... Eu nunca fui lá, não tenho grana pra isso. Mas tem uns fregueses daqui que me disseram que é demais! Fica no subsolo, descendo a escada rolante...

Era o que eu queria saber. As casas de massagem eram a onda do momento, a cara nova dos velhos bordéis, e se espalhavam por toda a cidade, em lojas de prédios comerciais e até em apartamentos de luxo. As garotas, chamadas "massagistas", tinham cara de garotas comuns, estudantes universitárias, não tinham aquele visual antigo de puta de zona. Eu tinha visto um monte de classificados dessas massagistas nos jornais — tinha até anúncio com fotos das garotas —, e batido papo com alguns caras que já tinham experimentado.

Na minha vida toda eu só tinha ido a três puteiros: a "casa da luz vermelha" no interior de Minas, onde conheci a musa Luana; a antiga Vila Mimosa do Mangue, no Rio; e a famosa Casa Rosa da Rua Alice, em Laranjeiras, também no Rio. Só faltava eu ir à moderna "casa de massagem", também chamada *massage for men*. Terminei a cerveja com um gosto diferente na boca, gosto de sexo, aventura!

Paguei a conta e entrei na galeria, rumo ao subsolo. Peguei o corredor à direita e cruzei com um sujeito que, pela cara de pecador disfarçado, devia estar saindo da "massagem". Fui em frente e vi uma porta diferente das outras, com uma campainha dourada onde tinham colado um adesivo com a foto de uma garota de

biquini. Só podia ser lá, cara! Meu coração batia mais forte... Toquei a campainha. Veio atender uma mulher lá pelos seus trinta
anos — minha idade, mas eu tava a fim de uma mais nova. Entrei
numa sala pequena onde estavam algumas garotas, sentadas dis-
plicentemente em almofadas pelo chão. A mulher me perguntou
se eu queria cerveja, mas eu disse que já tinha bebido várias, e
agora tava a fim de uísque. Ela foi buscar o uísque lá dentro, me
sentei numa cadeira e fiquei olhando as meninas. Eram três.

Uma delas tava num canto, meio escondida, mas deu pra
sacar que era japonesa, ou melhor, descendente de japoneses, o
que mais se vê em Sampa. Poxa, cara... Japonesa sempre foi o meu
barato sexual, mas eu nunca tinha comido uma! A mulher trouxe o meu uísque e uma das garotas veio falar comigo, veio com
aquela conversa mole, e tal e coisa, e coisa e tal... Mas eu já tinha
escolhido a minha "massagista" daquela noite. Dei uma golada
no uísque e chamei a japonesa. Ela veio meio tímida, me cumpri-
mentou. Senti qualquer coisa estranha nela, além da timidez. Eu
também tinha sido um cara tímido paca, mas timidez não combinava com um lugar como aquele.

Nessa altura, eu já sabia o preço pra ficar meia hora transando. Pra uma hora tinha desconto, mas, pra mim, meia hora
já tava de bom tamanho, no sentido financeiro e sexual. Eu e a
japa fomos pro quarto, com um colchonete, uma almofada e uma
cadeira. Tirei a roupa e me deitei no colchonete de barriga pra
cima. Ela ficou só de calcinha e se ajoelhou do meu lado direito
pra começar o serviço.

Você viu o filme "O império dos sentidos"? Eu sim,
acho que num cinema na Liberdade, ou na Consolação, não
sei, mas foi aqui em Sampa com certeza. É um filme japonês,
tem uma mulher, mistura de gueixa e puta, que faz o diabo
com o cara, tudo mesmo, e no final... Não, não vou contar o
final. É chocante!

Aquela japa que tava comigo fez com que eu me sentisse
numa espécie de "Império dos sentidos da Avenida Paulista", mas
ela não ia fazer comigo o que aquela mulher fez com o cara no filme, não... Deus me livre! Depois que ela começou o serviço — eu

só tinha meia hora, né? — pedi pra ela deitar no colchonete e fui tirando a calcinha. Aí, ela ficou meio arredia. Estranho...

Eu fui chupando. Comecei pelo pescoço, fui descendo até os peitinhos, a barriguinha... Aí, ela trancou as perninhas. Qual é a sua, mina? Eu, hein! Abri as perninhas dela e fui lá no império dos sentidos. Ela afastou a minha cabeça, não queria que eu chegasse na entrada do palácio. Então, fiquei só rodeando. Aquele jeito dela já estava me deixando meio doido... Mas aí, não aguentei mais, deitei por cima dela e cravei meu pássaro de fogo na porta de entrada. Ela era estranha, cara. Não queria que eu fosse muito fundo. Gozei ali mesmo, quase do lado de fora. Fiquei meio satisfeito e meio grilado.

Eu, que pensava tanto nas japas, principalmente depois que tinha visto aquele bendito filme, acabei pegando uma bem estranha, numa "casa de massagem". No começo, achei que era só timidez, mas no final parecia que ela tava querendo esconder alguma coisa, um segredo... Vai ver, era só um charme pra se valorizar mais. Sei lá... Saí caminhando pela Avenida Paulista, pensando na minha primeira noite naquele puteiro "moderno" que se multiplicava cada vez mais pela cidade, sacanagem, *man*! Entrei no quarto, me joguei na cama e dormi.

E a vida vai. Segue o barco. Nem barro, nem tijolo. A verdade é que eu tava precisando inventar alguma outra coisa pra fazer. Nunca fui um cara de ficar só naquela coisa de trabalho, casa, família... Sempre gostei de ficar com a cabeça ocupada quase o tempo todo por um sonho, um projeto de fazer alguma coisa, criar alguma coisa do nada e levar adiante os meus planos. Vida pra mim sempre foi isso, e não aquela chatice de trabalho, casa, família, trabalho, casa, família, trabalho... Não que essas coisas não sejam boas — às vezes são uma boa merda! —, mas, só isso, não dá! Além do mais, eu tava sozinho mesmo, sem amigos, sem ideias... Sem futuro! Mas isso, como já dizia o Raul, é até instigante pra gente tentar outra vez. A gente tem que se reinventar, cara.

Eu não sabia mesmo o que fazer. Um dia de manhã, fui ao banheiro e notei uma coisa estranha no meu pássaro de fogo, uma pequena ferida avermelhada. Já tinham se passado duas ou três semanas que eu tinha estado na "casa de massagem". Será que eu tinha pegado alguma coisa ruim da japonesa?

Isso passa. Achei que era melhor me cuidar, me alimentar bem e deixar o organismo agir. Realmente, algumas semanas depois, o troço sumiu. Porém, mais ou menos um mês depois, comecei a notar umas manchas vermelhas na pele. Que diabo era aquilo? Resolvi consultar um médico no hospital dos servidores municipais.

O médico que me atendeu não me deu muita atenção, devia estar de saco cheio de atender caras com gonorreia; me receitou umas injeções e só. Acontece que eu comecei a sentir coisas estranhas em várias partes do corpo, e tive que voltar ao hospital várias vezes, consultando médicos de várias especialidades. A injeção que eu tava tomando não tinha resolvido nada. Ao contrário, parecia que estava fazendo a coisa piorar, e eu indo a um médico atrás do outro.

Até que comecei a ter febre, sentir um mal-estar. Já muito grilado com aquilo, fui a outro médico que disse que eu tava com alergia causada pelas injeções que tinha tomado — e que, nessa altura, tinha parado de tomar por conta própria, com medo das consequências. Nenhum médico me disse o que eu tinha, ninguém me pediu um exame de sangue! Até que na enésima vez em que voltei ao hospital, fui atendido por duas médicas ao mesmo tempo — acho que, na verdade, eram estudantes de medicina. Ouviram a minha história com atenção e me levaram a sério. Me botaram em cima de uma maca e me reviraram todo; disseram que eu estava com uma doença transmitida sexualmente, mas não podiam me dizer qual era antes que eu fizesse os exames.

Receitaram um antibiótico via oral — pelo menos, não era injeção — e me recomendaram ficar em casa alguns dias, no maior repouso. Lembrei muito da japonesa da "casa de massagem". E cheguei à conclusão de que ela tinha aquele jeito estranho porque sabia que tava com alguma doença braba, e ia passar a maldita pra qualquer cara que transasse com ela. Puta que pariu!

Mas não fiquei com raiva dela, não. Fui eu quem quis ficar com ela naquela noite, e insisti.

26. O caminho passa por aqui

Agora eu tô aqui sozinho, no meu quarto de pensão, jogado em cima da cama, tomando antibióticos, sem fazer nada, dormindo quase o dia todo, sem ninguém pra conversar. Felizmente, tive essa ideia de contar a minha história pra você, cara. Pois é. Hoje, você é a melhor pessoa pra dar valor a ela, tenho certeza disso. Eu, sinceramente, não sei mais o que vai acontecer comigo.

Não me arrependo de nada, nem mesmo de ter feito músicas com M.C., embora o poeta não tenha nada a ver comigo, nem eu com ele. Eu precisava ter uma experiência assim! Só devia ter sido um pouco mais esperto... Em Sampa, aprendi mais, e apareceram novos anjos na minha vida, Aurora, Pedro, Olga... Apareceram... e voaram pra longe. Acho até que o rei — não aquele personagem da minha música, mas o rei-menino que descobri em mim mesmo — também me deixou na mão, desapareceu...

Agora, eu tô aqui... Me lembro bem daquela noite do festival estudantil no Teatro João Caetano, a minha timidez com as garotas, a emoção que senti cantando com a orquestra, as pessoas me dando os parabéns, apesar de quase todos terem achado a música muito estranha, ainda bem que era estranha! Se não fosse, não teria provocado nada, não teria cumprido seu papel mutante na minha vida.

Tudo era muito estranho naquele ano de 1968, eu não sabia direito o que tava acontecendo no Brasil e no mundo. Mas tava participando daquilo da forma que eu podia, com minha música e minha liberdade. Aquele festival talvez tenha sido feito só pra distrair a gente, os adolescentes como eu, das coisas barra-pesada que estavam acontecendo. Se foi isso mesmo, então eu me diverti com a música e, ao mesmo tempo, fiquei mais ligado em tudo, comecei a perceber que tinha algo mais pra dizer e fazer. Ouvi muita gente dizendo que queria transformar a sociedade, a realidade, a humanidade, o universo... Acho melhor, e até mais difícil, a gente se transformar a si mesmo... cada um com seu caminho nesta vida.

Meu caminho começou na casa da Lelé, minha bisavó e mestra, que me deu força mesmo sem saber. Naquela noite de domingo, a noite do festival, no quarto escuro dela, não lembrei muita coisa. Mas, agora, tô lembrando até que jogava botão com o Samuel, jogava sinuca e cartas com ele também... O primeiro livro grandão que eu li, *O senhor embaixador*, de Érico Veríssimo, foi o Samuel que falou pra eu ler. Pô! Esse Samuel foi uma espécie de minianjo na minha vida, antes de todos os outros.

Que fim terá levado? Que fim levei eu? Agora eu tô aqui... Mas vou sair dessa, não sei como, mas vou. Vou sair voando pra algum lugar onde eu possa ficar na varanda fazendo hora, enquanto a Lelé bate à máquina o último discurso do General. Quando o General ia à casa da Lelé, tudo se modificava, virava uma festa. De repente, apareciam uísque escocês, copos de cristal, salgadinhos da Confeitaria Colombo... Eu via quando o General chegava de terno branco e chapéu panamá, era um velho careca, barrigudo. Me cumprimentava e entrava na sala, onde já esperava por ele a cadeira de balanço, a mesma onde a Lelé gostava de se sentar de manhã pra ler o *Diário de Notícias*. Lelé botava a máquina de escrever sobre a mesa de jantar enquanto Hilda servia o *scotch*, a água Cristal e os salgadinhos.

O General dava um gole e começava a ditar frase por frase. Lelé batia nas teclas meio devagar, claro, ela nunca foi datilógrafa, foi professora de música. Eu ficava olhando. De repente, eles me mandavam sair da sala porque tinham que se concentrar mais no trabalho, e eu perturbava um pouco. Eu ia pra varanda, de onde dava pra ver o interior da sala onde a Lelé ficava com o General, mas, de repente, eles fechavam a persiana da janela. Estranho... Eu ficava lá, na varanda, andando pra lá e pra cá, imaginando que o trabalho da Lelé para o General era mesmo muito importante, tanto que os dois ficavam sozinhos na sala por um tempão e não dava pra ouvir nem o tlec-tlec da máquina de escrever. Ninguém podia entrar lá.

Depois o General ia embora, mas eu só ficava sabendo quando me diziam. Então, eu entrava na sala e comia os salgadinhos que tinham sobrado na bandeja. O General tinha um carro com motorista que ficava esperando ao lado do Teatro João Caetano. Uma vez, me levou com a Lelé para visitarmos o Ministério da Guerra, ao lado da Central do Brasil. Entramos naquele carro preto americano, fomos pro Ministério e, quando o carro foi entrando no pátio, toda aquela gente fardada bateu continência pra nós, quer dizer, pro General, né? Era como se fosse pra nós, também.

O General tinha vários filhos, e o mais velho, Guilherme, escrevia peças de teatro. Como o General sabia que eu também escrevia peças — a Lelé contava pra ele tudo sobre mim —, ele sempre me perguntava se eu continuava escrevendo, mas dizia que eu tinha que estudar, que não dava pra viver de teatro. O outro filho do General era militar como o pai, e se chamava João Baptista. Gostava muito de cavalos, vivia caindo e se quebrando, mas não parava de montar. O General tinha outros filhos, que também eram do Exército, mas...

Teve uma noite em que eu tava jantando lá na Lelé e o telefone tocou. Ela, que já tava meio triste, entristeceu de vez. Só falou o seguinte: "O General morreu". Eu vi que os olhos dela ficaram molhados. Naquela noite, fomos dormir mais cedo. Em completo silêncio, tristes pela morte do General.

É, cara... O Brasil também teve uma época muito triste, a época da ditadura militar, que acabou com o Teatro Azul. Eu odeio todas as ditaduras, seja militar, civil, de direita, de esquerda, o que for. Ditadura é o cacete! Viva a liberdade! Viva a democracia! Viva a juventude mutante!

Lelé batia à máquina os discursos do General, certo, mas eles ficavam trancados na sala só pra namorar. Eles tinham namorado quando eram jovens; depois, o General casou com outra mulher — a Lelé nunca se casou —, e eles voltaram a se encontrar depois de velhos. Não é legal, cara? Como é que eu vou me esquecer disso?

Você quer que eu lembre mais coisas? Eu já contei que escrevia minhas peças teatrais, mas isso não era suficiente, eu tinha que inventar mais. Então, inventei o palhaço Piolho, inspirado no famoso palhaço Carequinha, mas que não era circense, era um personagem do teatro infantil. Nunca deixei de brincar de Piolho, mesmo quando estava com a perna engessada, após as cirurgias que tive de fazer. Eu pintava a cara com maquiagem teatral de verdade, comprada numa loja na Rua Pedro I, em cima do Teatro Recreio, que antigamente era um teatro de revista, com vedetes e comediantes; botava uma careca de meia de mulher, vestia um paletó velho e muito grande e falava o que me vinha à cabeça, para o público que estivesse na minha frente — podia ser até de uma pessoa só, a Lelé, claro. Depois da minha apresentação, sempre tinha uma festinha com bolo e refrigerantes; às vezes, apareciam umas meninas que nem sabiam falar direito, mas eram bonitinhas. Foi aí que comecei a fazer versos, botar música nesses versos...

Se você quer saber mesmo de tudo, acho que lembrei uma porrada de coisas. Agora, não me lembro de mais nada, nem sei se tudo isso foi um sonho ou se é verdade mesmo. Pode ser as duas coisas.

Nem sei se ainda vou continuar vivo, cara! Mas, se eu escapar dessa, vou mudar de vida outra vez, ah, vou... E de uma coisa eu tenho certeza: como não sou roqueiro, não vou morrer gloriosamente de overdose num hotel de beira de estrada. Sou apenas um compositor brasileiro, um fazedor de canções, que gosta de álcool e cujo sonho é envelhecer num lugar onde não tenha que subir nem descer escadas.

Neste momento eu acho mesmo é que tô com um pé no degrau de baixo e outro no degrau de cima, subindo a escada de um corredor estreito e escuro, igual àquele da entrada do edifício da Lelé. Só que essa escada de agora não termina nunca, não sei se vai dar nos confins do além ou na puta que pariu, nem sei se o além existe... mas vou subindo assim mesmo. Não sei por onde vou. Não sei para onde vou. Mas sei que o caminho é por aqui.

E seguirei, caminhando e cantando. Tive muita sorte na vida, cara! Os meus anjos, tortos e bons — inclusive, bons de copo — me salvaram de muita coisa, inclusive dos preconceitos e idiotices de muita gente da minha família... deixa isso pra lá.

Tô cansado, sentindo um cansaço estranho. Mas, engraçado, tô ouvindo a voz do apresentador do festival estudantil... e ele acabou de falar:

— E, agora, a música "Glória ao rei dos confins do além", cantada por seu autor, Paulo...

Sou eu. Tenho que ir. Tô entrando no palco. A manga dessa merda de smoking tá apertada... O microfone tá alto demais, quase na altura da minha testa... A orquestra começou a introdução... Puta que pariu! Não lembro mais a letra! Mas vou cantar assim mesmo. Caralho. Acho que tô apagando, cara...

27. Lembrando quase tudo:
um personagem que segue

Dormi pacas... Descansei. Tô aqui de novo, cara. Esta noite, eu sonhei, e sonhar é melhor do que nada. Não dá mesmo pra lembrar tudo... pra quem tá desse jeito que eu tô, doente, em cima de uma cama, acho até que fiz muito. Agora, neste momento, é como se você estivesse aqui comigo, me ouvindo falar. Você parece aquele ser imaginário de quando a gente era criança, aquele com quem a gente conversava quando não tinha mais ninguém por perto. Você sabe, um amigo é alguém capaz de mudar a nossa vida, assim como uma música, e sei perfeitamente que fiz o que eu queria porque senti que era a coisa mais importante que eu tinha pra fazer. E tive amigos pra me ajudar sempre que precisei.

Quem faz o que sente, sem medo de errar, sem preconceitos, sem seguir nenhuma cartilha babaca, sem hipocrisia e sem prejudicar ninguém, sabe que o maior erro que se pode cometer na vida é justamente não fazer aquilo que se quer. Segui meus próprios passos, e aprendi que não se pode dar um passo mais largo do que as pernas conseguem dar, se não a gente se perde por aí, como diz aquela música dos Mutantes.

Sou um personagem que surgiu na minha adolescência, com a música que eu fiz num impulso aos 16 anos, um personagem que nunca me abandonou, porque faz parte do meu corpo, da minha mente, da minha alma. E seguirei com ele até o fim. Mas, já que acordei, vou aproveitar pra te contar mais algumas coisas da minha vida, alguns encontros que tive com grandes personagens da música. Apesar de serem muito breves, foram pra mim da maior importância:

Tem uma cena simples e bonita, quando eu estava dentro de um táxi na Avenida Presidente Vargas, no centro do Rio. Eu tinha ido almoçar com a Lelé e voltava pra casa, na Tijuca, por volta de três da tarde. Como estudava de manhã, e tinha saído do colégio direto pra casa da Lelé, ainda estava com o uniforme da escola, calça azul-marinho e camisa cáqui.

Estava meio sonolento, com a cabeça jogada pra trás no banco do carro, quando paramos num sinal vermelho e outro táxi parou do nosso lado esquerdo. Ao lado do motorista, um senhor negro olhou pra mim e sorriu. Com os olhos entreabertos, percebi que era muito simpático e mostrava um sorriso de intensa felicidade. Quando abriu o sinal — ou semáforo, como dizem os paulistas — o senhor negro fez um sinal com a mão direita, como se estivesse ao mesmo tempo se despedindo e me abençoando, até que o carro dele se afastou.

Fiquei intrigado com aquilo. Afinal, um senhor de paletó e gravata cumprimentando um garoto de uniforme de escola pública dentro de um táxi... era uma coisa meio estranha. Ele não era parente nem conhecido meu. Quem era aquele homem? Tempos depois, vendo algumas fotos em revistas, descobri que o senhor negro era o Pixinguinha, um dos maiores músicos brasileiros. Naquela hora em que os dois táxis ficaram lado a lado, Pixinguinha também estava indo pra casa, vindo do centro da cidade, do Bar Gouvêa, onde ia todos os dias tomar o seu uisquinho. O velho músico era um cara de bem com a vida, gostava dos jovens, foi até professor de música do Colégio Estadual João Alfredo, onde eu estudava!

Não me dediquei à música instrumental, nem ao choro, um dos gêneros no qual Pixinguinha se consagrou. Mas depois daquele dia passei a me sentir um cara abençoado, protegido pelos anjos da música. Uma cena como essa, contada hoje, parece coisa de sonho, coisa de Deus...

Naquele mesmo ano de 1968, um mês depois do festival estudantil, os Mutantes participaram do III Festival Internacional da Canção, no Ginásio do Maracanãzinho, com a música "Caminhante noturno". Eles já tinham gravado a minha música, mas o LP ainda não tinha saído. Então, como eu morava na Tijuca, próximo ao Maracanãzinho, resolvi ir lá para ver se conseguia falar com eles na hora do ensaio. Eu sabia o dia e a hora, entrei no Ginásio sem dificuldade, e assisti os Mutantes ensaiando. Mas não consegui falar com a Rita, o Arnaldo e o Sérgio que, depois do ensaio, se fecharam no camarim pra descansar, porque a apresentação ia ser naquela mesma noite.

Só consegui conversar com os Mutantes um ano depois, quando eles fizeram no Rio o show "Planeta dos Mutantes", no Teatro Casa Grande. Arnaldo, Sérgio e Rita ficavam no palco após o show, pra conversar com o público. Subi lá e disse pro Arnaldo que eu era o autor de "Glória ao rei dos confins do além". Ele, imediatamente, anunciou minha presença para os outros componentes da banda:

— Pessoal, o cara do rei tá aqui!

Conversei com eles durante alguns minutos e saí do teatro feliz da vida. O engraçado é que eles gostaram tanto de "Glória ao rei dos confins do além" que, no ano seguinte, a música "Desculpe, babe", de Arnaldo Baptista e Rita Lee, que eles lançaram no LP "A divina comédia ou Ando meio desligado", tinha um refrão que dizia "Glória, glória..." Os Mutantes, querendo ou não, tinham se inspirado no refrão da minha música. Coisas da vida, ou melhor, glórias da vida! *I'm sorry, baby...*

Uma das minhas maiores influências musicais foi Caetano Veloso: o compositor de "Alegria, alegria" influenciou muito o compositor de "Glória ao rei dos confins do além", mas eu nunca tinha me encontrado com Caetano, apenas o tinha visto de longe. Caetano, assim como Gilberto Gil, foi preso logo depois da decretação do AI-5 em 1968, e passou um tempo exilado em Londres. Logo depois que ele voltou ao Brasil, em janeiro de 1972, foi participar de um show no teatro da Faculdade de Letras, na Avenida Chile, no centro do Rio, onde iam se apresentar também alguns compositores novos. Eu não ia cantar lá, mas conhecia alguns desses caras novos, e fui assistir ao ensaio. Com o teatro ainda vazio, me sentei na primeira fila e, de repente, chegou Caetano, de cabelos encaracolados, túnica indiana, calça bem larga, sandálias... um visual totalmente *hippie*.

O baiano demonstrava uma alegria esfuziante por estar no Brasil, depois da fria temporada londrina. Enquanto o ensaio não começava, se sentou numa cadeira ao meu lado. Muito magro, se divertia levantando e abaixando o assento da cadeira onde estava. Ele era tão magro que cabia na cadeira com o assento levantado, e ficava assim, como se estivesse "encaixado" na cadeira, chamando propositalmente a minha atenção para que eu o visse naquela posição ridícula, rindo de si mesmo.

A partir dessa brincadeira de Caetano, o papo entre nós rolou descontraído, sem nenhuma barreira entre um nome já consagrado da MPB e um compositor iniciante. Falei, é claro, que os Mutantes tinham gravado "Glória ao rei dos confins do além", o que despertou o interesse dele pelos meus caminhos musicais...

Quando saí do teatro da Avenida Chile, estava me sentindo como se fosse um velho amigo de Caetano, e o admirando mais ainda por seu bom humor.

Já contei que o primeiro LP que comprei na vida foi o "Jovem Guarda", de Roberto Carlos. Comprei numa loja da Rua da Carioca, a Casa Oliveira, que vendia tudo de música: discos, instrumentos, partituras... Foi lá que comecei a aprender violão com o professor Raimundo, que dava aulas numa salinha no fundo da loja. Acontece que a casa da Lelé — que pagava as minhas aulas — era ali pertinho, na Sete de Setembro, e as aulas passaram a ser dadas em domicílio. Os teatros João Caetano e Carlos Gomes também eram por ali, tudo isso — sem contar as inúmeras lojas, papelarias e a casa de artigos teatrais onde eu comprava os adereços e a maquiagem de que precisava pra fazer minhas peças — na região da Praça Tiradentes, local onde nasceu o teatro brasileiro.

Mas a noite da Praça era proibida para menores, pelo menos pra mim... No apartamento vizinho ao da Lelé morava uma senhora muito simpática, e o filho dela gostava de sair à noite vestido de mulher. Todo mundo que via o rapaz saindo achava ele uma beleza — principalmente no carnaval, na noite do "Baile dos Enxutos" do Cine São José, quando ele caprichava mais ainda no visual. Hilda, empregada da Lelé, se divertia muito com o rapaz, e dizia:

— Ele está lindo! Uma mulher perfeita!

Mas eu era o único proibido de ver o cara... Por quê? O que é bonito é pra se ver, né?

Ainda tinha mais! Ali perto também, na Rua Visconde do Rio Branco, 53, entre a Tiradentes e a Praça da República, ficavam os estúdios da CBS, onde gravavam vários artistas da Jovem Guarda e, principalmente, o Rei da Juventude, Roberto Carlos.

Quando eu fui à CBS com o meu amigo Darci, a Jovem Guarda já não existia mais. Fomos lá entregar uma fita com músicas da nossa parceria ao produtor musical Rossini Pinto — também autor de muitas versões que foram sucesso na voz do Rei —, para ver se elas podiam ser aproveitadas em algum disco que estivesse sendo produzido na gravadora. Depois de falar com o produtor Rossini, saindo pelo mesmo corredor onde ficavam os estúdios de gravação, cruzamos com ninguém menos que... Roberto Carlos!

Darci, que sempre teve vocação pra trabalhar em rádio, foi quem tomou a iniciativa de falar com Roberto. As músicas que nós tínhamos levado pro Rossini não eram destinadas a Roberto Carlos — uma delas acabou sendo gravada pela cantora Núbia Lafayette, que diziam ser o "Nelson Gonçalves de saias", mas o Rei, já consagrado em todo o país e começando a fazer sucesso no exterior, demonstrou naquele rápido encontro uma característica sua que jamais se modificou: a simplicidade, a simplicidade de um verdadeiro Rei.

Outra historinha interessante, esta com a participação pra lá de especial de ninguém menos que... Mick Jagger, a voz dos Rolling Stones, que estava no Rio de Janeiro pela primeira vez, uma das muitas em que veio ao Brasil.

Mick Jagger, já um sucesso planetário, foi ao Banco onde meu pai trabalhava, ao lado da Igreja da Candelária, pra descontar um cheque, pegar uma grana, algo desse tipo. Eu estava lá nesse dia pra resolver uma coisa qualquer com meu pai, e fiquei surpreso quando vi o cantor de "*Satisfaction*" entrando no Banco, sozinho, sem nenhum aparato de segurança pessoal. Os bancários todos, nessa hora, pararam de trabalhar para ver o superastro do rock, e alguns idiotas aproveitaram pra gritar coisas do tipo "veado!", "maconheiro!", "vem aqui chupar..." e outras baixarias. Os gritos e gestos agressivos não perturbaram Jagger, que continuou tranquilamente fazendo o que tinha ido fazer lá.

Naquele tempo de grande repressão política e sexual, não havia mulheres trabalhando em bancos, só homens; inclusive, alguns que deviam estar muito chateados por terem que viver dentro do armário... Fui em direção a Mick e o cumprimentei numa boa, mas não pedi autógrafo e não falei nada, até porque não sabia falar inglês. Mas guardei a cena e vi nela o contraste entre o simples talento bem-sucedido e a mediocridade, sempre invejosa e preconceituosa.

Outro cara legal que eu encontrei foi... Não, não foi Paul McCartney. Esse, só em sonhos... Aliás, uma vez tive um sonho muito louco com um artista que se parecia com Paul McCartney e, às vezes, com Roberto Carlos... No sonho, esse artista fugia desesperadamente pelas ruas de uma cidade, meio Londres, meio Rio de Janeiro, perseguido por umas garotas enlouquecidas e homens mal-encarados... Sonho? Ou teria sido um filme?

Agora, estou mesmo é sonhando com o tempo em que eu era apenas um garoto que amava os Beatles e os Rolling Stones... Comprei muitos discos dessas duas superbandas, principalmente dos Beatles, que me deram muita inspiração pra compor e cantar, e muita coragem pra rapaziada tímida se aproximar daquelas garotas que pareciam tão distantes e superiores, nas festas e domin-gueiras dançantes. Só pareciam, claro...

Também não dá pra esquecer que tive a minha própria banda, os TropiKantes, um projeto muito legal que foi interrom-pido, mas um dia pode ressuscitar... Um dia, eu também vou re-nascer, feito uma fênix, reencontrar a cantora Terezinha, a M. de Copacabana, ou sei lá quem mais... Nunca se sabe. Mas aí, já é uma história pro futuro.

Vou parar por aqui, cara. Você é meu amigo. E um amigo conhece, admira e respeita a vida do outro. Mas a gente também tem que ser amigo da gente mesmo, né? Não dá pra sair por aí fazendo besteiras, dando uma de babaca! Tenho certeza de que vou sair dessa merda em que eu tô agora.

Já escapei de muita coisa ruim. Sou um sobrevivente, por natureza, começando pelo fato de ter sobrevivido à poliomielite, doença que matou muita gente no mundo inteiro. Mas o mais importante, agora, pra minha sobrevivência, é a lembrança da-quela noite do festival estudantil, a noite de "Glória ao rei dos confins do além". Não posso esquecer o momento em que ouvi a orquestra tocando a introdução e, mesmo com medo de er-rar a letra, encarei a plateia e mandei: "Meia-noite e dez, bateu nos confins do além, na cidade que parou pra saudar o rei..."

Esta obra foi composta em Minion 11/13,1.
Impressa com miolo em off set 75g e capa em cartão 250g,
por Createspace/ Amazon.

www.ingramcontent.com/pod-product-compliance
Lightning Source LLC
LaVergne TN
LVHW051638080426
835511LV00016B/2383